U0855818

荊楚文庫

〔康熙〕江夏縣志

〔清〕馬中駿　纂修

荊楚文庫編纂出版委員會
崇文書局

荆楚文庫

〔康熙〕江夏縣志
KANGXI JIANGXIA XIANZHI

圖書在版編目（CIP）數據

〔康熙〕江夏縣志 /〔清〕馬中駿纂修 .
— 武漢 : 崇文書局，2024. 11.
(荆楚文庫).
ISBN 978-7-5403-7788-5
Ⅰ. K296.34
中國國家版本館 CIP 數據核字第 20248JC600 號

責任編輯：陳金鑫
整體設計：范漢成　曾顯惠　思　蒙
責任校對：董　穎
責任印製：李佳超
出版發行：崇文書局有限公司（中國・武漢）
地址：武漢市雄楚大道 268 號 C 座
電話：（027）87677133　　郵政編碼：430070
録排：武漢鑫偉創圖文設計有限公司
印刷：湖北新華印務有限公司
開本：787mm×1092mm　1/16
印張：26.125
版次：2024 年 11 月第 1 版　2024 年 11 月第 1 次印刷
定價：138.00 元

ISBN 978-7-5403-7788-5
9 787540 377885

《荆楚文庫》工作委員會

主　　任：王蒙徽

副 主 任：諸葛宇傑　琚朝暉

成　　員：黄泰巖　余德芳　何麗君　劉海軍　周　峰

李述永　夏立新　謝紅星　劉仲初　黄國斌

辦公室

主　　任：蔡静峰

副 主 任：董緒奎　唐昌華　周百義

《荆楚文庫》編纂出版委員會

主　　任：王蒙徽

副 主 任：諸葛宇傑　琚朝暉

總 編 輯：郭齊勇　馬　敏

副總編輯：熊召政　劉海軍

編委（以姓氏筆畫爲序）：朱　英　邱久欽　何曉明

周百義　周國林　周積明　宗福邦　陳　偉

陳　鋒　張良成　張建民　陽海清　彭南生

湯旭巖　趙德馨　蔡静峰　劉玉堂

《荆楚文庫》編輯部

主　　任：周百義

副 主 任：周鳳榮　周國林　胡　磊

成　　員：李爾鋼　鄒華清　蔡夏初　王建懷　鄒典佐

梁瑩雪　丁　峰

《荊楚文庫・方志編》編纂組

組　　長：陽海清（執行）

副 組 長：劉傑民（執行）　王　濤　謝春枝　范志毅（執行）

參編人員（以姓氏筆畫爲序）：

王　濤　李云超　宋澤宇　范志毅　柳　巍　馬盛南　陳建勛

梅　琳　張　晨　張雅俐　陽海清　彭余焕　彭筱溦　劉傑民

謝春枝　嚴繼東

編　　審：周　榮

顧　　問：沈乃文　李國慶　吴格

出版説明

湖北乃九省通衢，北學南學交會融通之地，文明昌盛，歷代文獻豐厚。守望傳統，編纂荆楚文獻，湖北淵源有自。清同治年間設立官書局，以整理鄉邦文獻爲旨趣。光緒年間張之洞督鄂後，以崇文書局推進典籍集成，湖北鄉賢身體力行之，編纂《湖北文徵》，集元明清三代湖北先哲遺作，收兩千七百餘作者文八千餘篇，洋洋六百萬言。盧氏兄弟輯録湖北先賢之作而成《湖北先正遺書》。至當代，武漢多所大學、圖書館在鄉邦典籍整理方面亦多所用力。爲傳承和弘揚優秀傳統文化，湖北省委、省政府决定編纂大型歷史文獻叢書《荆楚文庫》。

《荆楚文庫》以『搶救、保護、整理、出版』湖北文獻爲宗旨，分三編集藏。

甲、文獻編。收録歷代鄂籍人士著述，長期寓居湖北人士著述，省外人士探究湖北著述。包括傳世文獻、出土文獻和民間文獻。

乙、方志編。收録歷代省志、府縣志等。

丙、研究编。收録今人研究評述荆楚人物、史地、風物的學術著作和工具書及圖册。

文獻編、方志編録籍以一九四九年爲下限。

研究編簡體横排，文獻編繁體横排，方志編影印或點校出版。

《荆楚文庫》編纂出版委員會

二〇一五年十一月

前言

《(康熙)江夏縣志》四卷，清馬中駿纂修，清康熙抄本。

馬中駿，一作馬仲駿，字空海，號澹庵，河南宜陽人，順治八年（一六五一）舉人，官江夏知縣。

江夏縣，隋開皇九年(五八九)改汝南縣置，明清兩代皆爲武昌府治，民國初年改爲武昌縣，今主要屬武昌、江夏兩區。作爲武昌首邑，本地修志傳統久遠。一般認爲，明清時期江夏修志始於明萬曆年間邑人郭正域。郭正域，字美命，號明龍，江夏人，萬曆十一年（一五八三）進士。萬曆九年（一五八一），江夏知縣莫揚根據當時丈量的田畝册籍，寫成《江夏田賦書》，郭正域爲之序，並補作江夏的山川、方域、祠壇、公署、先賢、仕籍、科目、女貞、仙釋等十志，連同《江夏田賦書》共十一志。江夏縣教諭陳鑒讀後寫成《江夏小史》。清順治年間，湘東陳述知著有《楚會存書》等小志，惜均已不存。

清康熙十二年（一六七三），爲修《大清一統志》，詔令各省編修通志，以資采録；而江夏縣志因故未能開局，僅有魏廷謨私人所作補遺。兹志應是爲響應詔令而編修，内容簡略，流傳不廣，其後修志諸序中均未提及。

兹志是今存最早的《江夏縣志》。各卷篇目爲：卷一星野、方域、沿革、山川、勝蹟、城池、津梁、公署、學校、壇廟寺觀、災祥，卷二侯王、秩官、名宦、選舉、歲貢，卷三先賢、孝義、潛德、列女、僊釋，卷四田賦、户口、水利、藝文。志中選舉、災祥所載皆止於康熙十一年（一六七二），田賦、户口多至順治末。

據《中國地方志聯合目録》《中國古籍總目》，該志僅國家圖書館有藏。國圖藏本已藉由《國家圖書館藏地方志珍本叢刊》影印出版，兹亦據此底本影印。（袁静）

目録

京師圖書館藏書記

津梁

公署

學校

壇廟寺觀

災祥

二卷

侯王

秩官

三卷

僊釋

四卷

、田賦

、户口

、水利

藝文

江夏縣志一卷目錄

公署

學校

壇廟寺觀

災祥

江夏縣志

星野

周禮保章氏以星土辨九州之地封域皆有分星鄭註曰鶉尾楚也
春秋元命包曰軫星散爲荆州江夏入軫十二度
史記天官書漢天文志並云翼軫荆楚註翼二十二星軫四星皆爲鶉尾在巳楚之分又曰吾楚之疆候在熒惑占於烏衡

蔡邕月令章句云起張十二度至軫六度爲荊州

晋天文志翼軫楚荊州江夏入翼十二度

星經王衡星主荊州又云熒惑主楚又云翼二十二

星凡十九度軫四星凡十七度

宋志天市西垣第二星曰楚又北斗第二星曰璇其

分楚

元志鄂州北極出地三十一度半鶉辰圖註軫十度

楚之尾

荆為禹貢九州之一 江夏附焉歷考星屬其辰巳其

北斗玉衡其五星熒惑其五嶽衡丙丁其天市西垣

其十二次舍鶉尾其二十八宿翼軫

占候附畧

北斗星明主天下昌

白氣貫北斗大風

翼星明禮樂興

星孛於翼近太微太将兵興有災

日𩏒在翼歲旱

歲星𩏒月在翼楚地饑

星孛於軫太白晝見在軫其地有兵

太白犯軫荆楚有兵

辰星守軫歲旱

歲星太白辰星聚軫兵與災

黑雲氣貫翼軫荆楚水

星孛於鶉尾荆楚有變

熒惑色赤年穀順成

熒惑犯歲星在翼歲旱

方域

江夏縣四至界

東陸路七十七里至武昌縣界

南陸路一百三十七里至咸寧縣界

西水路七里三分渡江至漢陽縣界

北水路七十二里至黃岡縣界

編户六十三里順治三年下恩一里歸併上恩一里實六十二里

〇

興仁里　崇文二　崇文三　附城村

從善村　附籍一　附籍二　仁受里

茂和里　嘉會里　宣明里　弼化里

崇文一　河街一　河街二　河街三

河街四　草埠村　通會一　通會二以上在城

來蘇二　來蘇三　來蘇四　永豐一

永豐二　上西一　上西二　下西徑

橫山村　招賢村　保安一　保安二

太平一　太平二　黃合一　黃合二

上恩一　上恩二　下恩武　修賢一

修賢二　修賢三　夾山一　夾山二

夾山三　龍泉一　龍泉二　龍泉三

湘東一　湘東二　湘東三　長樂村

積善一　積善二　積善三　依仁一

依仁二　依仁三　三城一　三城二

三城三　三城四以上在鄉

坊里三十舖

仁壽上　仁壽下　崇文三　崇文四

崇文五　崇文七　通茂興　保護營

賓陽中和　金沙洲　保新一　保新二

保新三　大東門外　馬頭營　駕園鋪

中所　大新接上　大新接下　河街三四

河街六九　河街十　新有局　新左二

新興一　新興三　新興五　右零前

前所營　後所營

沿革

周夔王時楚子熊渠甚得江漢民和乃封其中子紅
為鄂王始名鄂
春秋時謂之夏汭
秦分楚為四郡江夏屬南郡
漢高帝六年置江夏郡治沙羨今江夏縣本漢沙羨
地屬江夏郡
獻帝時劉表據荆州以黄祖為江夏守始于沙羨置

邑即今江夏

吳孫權自公安徙都於鄂分置江夏以縣屬武昌郡

晋武帝太康元年年吳以江夏隸荆州

東晋咸和中以汝南民流寓夏口乃創汝南郡治塗

口太元降為汝南縣復隸江夏郡

劉宋復于沙羨置江夏郡尋置郢州治江夏

隋文帝平陳改置鄂州大業初為江夏郡尋廢郡江

夏為鄂州以州領縣改汝南曰江夏縣名江夏始

此猶治塗口
唐初改郡為州貞觀中改為鄂州天寶初仍江夏郡
乾元初復為鄂州
明初既降陳理改為省會江夏首隷邑名故
國朝因之

山川

黄鵠山縣西南自西南数百里來蜿蜒而暾江下有磯曰黄鵠磯

高觀山縣東南東有鳳凰窩西有烏龍池有清風明月二井

鳳凰山縣城北吳黄龍元年有鳳凰來集故名其下為縣學為貢院為都察院今都察院遷駐前所營僅存遺址

丶臙脂山縣東南土赤如脂一曰鞭脂山

丶蕭山縣南二六里晉蕭丹之所隱居也

丶梅亭山縣南二五里　石子岡縣東北一里

丶洪山縣東二十五里一曰東山山下有寶通寺邑之巨

觀也上有石曰堆雲曰翠屏曰獅子峰有洪山賦

鐫在石山孫萃閣楊士奇有記

丶磨兒山縣東二十五里上有郊天臺漢昭烈祭天處

丶紫荊山縣東北城下

馬岐山縣東二十五里蛮王塚在山南

九鯉山縣東北十里麓分九枝突出水面如魚尾然

豐禾山縣東五十里里人報賽處

九峯山縣東五十里山環如城郭列峯有九

獅子峯　鉢盂峯　沙碧峯　寶蓋峯

石門峯　楊鑼峯　馬驛峯　丁霄峯

黄蘗峯

靈泉山縣東六十里上有泉下為楚昭王及諸王墓

鸞磯山縣東七十里西南俯大江有石磯波濤迅激

白頭山縣東北七十里上有石白色

金城山縣東南二里峭壁如城吳將陸渙屯兵于此 南遷錄所云金城險固者也

冶塘山縣東南三十里晉宋之所鼓鑄也

清平山縣東南五里其上清曠平衍

靈山縣南九十里一峯聳焉上有仙跡 雞翅山

仙人山縣西南九十里上有仙跡

鼓樓山縣西南九十里五峰秀出如樓又名五樓山

江夏山縣東六十里其山崎嶬一曰峽山

八分山縣南五十里有水流如八字旁有八分湖有石洞名白雲洞迤逶半里許有天寶有龍短尾唐貞觀時與駱禪師俱顯時封嘉澤侯顯應侯靈惠侯元郡守李貞天旱禱雨祠前見蟹自山麓湧出潭中黑雲渤起雷雨大作為建八分山泉新亭有記今土人以龍隱見卜年

嵋梁山縣南三十里過湯孫湖

大觀山縣南五十里土色如金一曰金華

有千岩萬壑之勝

六老山縣南五十里層巒聳翠如六老相拱揖

夜泊山縣南四十里駱禪師飛錫處元守將陳也先屯兵於此通紀夜婆山

錦繡山縣南七十五里山多桃李花如錦繡

大槐山縣東南七十里晉李大槐之所隱居也

赤壁山縣東南七十里一曰赤磯濱江

半面山縣東北三十里山上草木半隱半出

雞翅山縣南八十里有金雞集焉

梁城山縣北十里梁武帝屯兵于此

烽火山縣東北四十里北齊清河王岳進軍臨江梁將侯瑱屯兵烽火相應

别秀山縣東南八十里上有三峰競秀别於衆山

景首山縣東南五十二里上廣下削

櫟山縣東南十里山多苞櫟

黄屯山縣東四十里山多草木

鼓架山縣東南三十里形如鼓架

石筆山縣東四十餘里狀如筆格橫亘長湖

金屛山縣西南七十里衆山旋繞如屛有張睢陽廟

鴿子山縣西南七十里諸山祖爲一曰个字山山水

中分如个字又名大覺山

迴峯山縣西南六十里山上一驢跡環跡處不生纖

草相傳果老牧驢處

大江自嘉魚入境歷大軍山小軍山會沔水東流會

漢水金沙洲障城南至白湖入武昌凡二百九十里

、夏汭漢水曲入江處汭水此水也夏口之首曰夏首江之汜也梁侯侯據夏首集兵糧即此地

、塗水縣南六十里一曰金水一曰金口其入江夏曰塗口

、裹河望山門外通大江江之口曰鮎魚口

、天鵝池武當宮西

、鳳凰池縣西南

放生池淳熙中郡守王齋疏立

曲池縣東十五里梁大清間邵陵王為太守樂賓之處

明月湖　墩子湖　東湖　西湖以上四湖俱在城内

南湖縣東南五里　東湖縣東四里

黄家湖縣南十里　清寧湖縣西東

賽湖縣東三里　湯孫湖縣東南十五里四湖之水

俱由裹河入江　斧頭湖縣南百二十里

魯湖縣西南八十里水由金口入江

梁子湖縣東六十里水由武昌縣樊口入江

團山湖縣東九十里

郭鄭湖縣東四十里

余家湖縣東北五里南抵郭鄭湖入江

白楊湖一曰白口湖北通大冶

鸚鵡洲城西大江中禰衡之所賦也

白沙洲郎蘆洲在陳公淩對面其中土壤甚沃

金沙洲城西東百貨雲集商賈湊焉兵燹後暫復漢口康熙十二年分守武昌道徐惺指來商賈漸復舊規

新淤洲擁沙為洲明永樂十年立水母祠以鎮之

張公洲縣南二十五里晉隱士張公灌園處

黃軍浦鸚鵡洲下吳將黃蓋屯兵處

南浦縣南三里水出景首山西入大江冬涸夏溢商舟聚泊今名新開港

汲福井藩司内劉績有記

銅盤井甃有銅盤甃焉汲之不竭

浪花井在洪山小塔下水沸如浪其下通江自晉建塔以覆井乃安瀾

蜘蛛井在鐵佛寺　義井在長街　染井保安門外

八分井縣東南四十里　鹿跑井在高觀山

卓刀泉縣東十五里爲漢昭烈郊壇壽亭侯關羽行軍卓刀壇下有泉出焉明楚昭王甃而飲之泉味甘洌甃以石覆以亭亭前有拜將臺

飛錫泉唐貞觀時駱禪師飛錫八分山之巔卓杖成泉白龍出則雨

烏龍泉縣南七十里　峯迴路轉處一帶巨石夾道

戚（裁）立或伏苔蘚迎人

、桃花泉縣西南七十里石灰山口

勝蹟

黄鶴楼世傳仙人王子安乘黄鶴過此又云費文禕登仙駕黄鶴憩此一説辛氏市酒有道士数詣飲酒辛氏不計酒錢道士臨别取肴核中橘皮畫鶴于壁曰客至拍手引之鶴當飛舞以侑觴遂致富一日道士復至取所佩鐵篴吹数弄須臾白雲自空飛來鶴亦飛下道士乘鶴去辛氏即其地建楼名辛氏楼以橘色、又名黄鶴楼、唐閻伯𤨏記明嘉

靖末大隆慶五年都御史劉慤建江道昆有記癸
未兵燬

國朝中直指上官鉉重建康熙三年大中丞劉兆麒
另建張長庚有記

明初為亭以表之

○石鏡亭黄鵠山有石如鏡鬚眉畢見在山測巉巖中

仙棗亭黄鵠山巔有棗千年不實一日結實大如瓜
太守令小吏往視小吏竊啖之遂仙去後人建亭焉

壓雲亭元世祖嘗駐此至正間建○廣永亭在黄鵠山頂

湧月臺漢丞相曹孟德遺筆

太白堂李青蓮讀崔司勳黄鶴楼詩閣筆處明邑令
徐日久建

仙尨跡黄鵠磯上尨痕有三石壁亦有一依跡作亭
以祀揮麈吕仙像石刻仙尨跡三字

白雲楼黄鵠山頂宋元祐知州方澤建

磨劍池吕仙亭左畔相傳秦始皇磨劍處

楚觀楼在藩司前唐牛僧孺奇章閣故址宋知州陳
邦光建戲彩堂其上後汪淑名奇章閣明弘治中
重修譙楼大學士李東陽有記今廢
龍床臺一名鳳凰窩在大觀山第一峯下後闢作王
皇閣明太祖納降陳理時駐旌此處毁陳友諒鏤
金床
北榭在府署右建自宋元祐時黄魯直有詩
焦度楼在東南子城上度有武勇宋明帝時爲武陵

王參軍沈攸之起兵至夏口庚登陴拒之後人遂以名楼

望江楼漢陽門城上即煙波楼故址明郡守汪大本建狀元黎淳記

乖崖亭藩司内宋李燾設張忠定像有記

封建亭城南梅亭山明太祖既破湖廣駐蹕于此有使報第六皇子生太祖悦曰他日以此子王楚及封王議齊寶三鑄不成因憶曰朕昔駐湖廣梅亭山有言其王楚乎一鑄而寶成遣齋御製祝文祭

告封内山川勒碑建亭

郊天臺舊址在磨兒山相傳漢昭烈祭天處

椎楚樓明萬曆初大中丞趙賢建在院内後山

古無影塔在黄鵠磯上高不三尺題古無影塔四字

至今日照西畔而塔竟無影

漢禰衡附丘墓在鸚鵡洲畔

黄鶴墓在縣南三十里鸚鵡村棘林

晋陶侃墓九域志在江夏今失其處

○吳孟母墓在鳳凰山即孟宗母

○宋馮京墓在縣南百里保安池靈溪鄉

城池

江夏城即會城舊在黄鵠山孫吴赤烏中築曰夏口城宋齊梁陳因焉劉宋郢州治此更名郢城唐牛僧孺始陶甓甃之宋皇祐中知州李堯俞修明洪武四年命江夏令周德興增擴週二十里有奇計二千九十八丈東南高二丈一尺西北高三丈九尺池週三千三百四十三丈九尺濶二丈六尺池外餘十丈許南有龍窩西郎大江真天塹也爲門

九東曰大東小東西曰竹簞漢陽平湖南曰新南保安望山北曰草埠嘉靖十四年都御史顧璘易大東曰賓陽易小東曰忠孝易竹簞曰文昌易西南曰中和易草埠曰武勝

國朝太保祖澤遠增修

附古城

曹公城縣東北二里梁武帝起義兵遣曹景宗築曲水城及攻郢城又遣王世興屯兵於此

夏口城黄鵠山東北吴孫叔赤烏元年築劉宋郢州

治此更名郢城

萬人敵城在黄鵠山頂

津梁

洋子江渡由漢陽門以達漢口由平湖門以達漢陽舊用民渡江濶水險輕舠遇風多葬魚腹明萬曆二年左布政陳瑞置巨艦八隻江夏縣歲編操舡水手十二名改募渡人領之今仍民渡

八分波縣南十里由長虹橋以達紙坊水面六十里

白洋渡縣東北四十里

滸家渡縣南八十五里

山門渡縣東南七十里

女冠山渡縣東南七十里

冶塘渡縣東三十里　南嘴渡梁湖南縣南一百里

北嘴渡梁湖北縣南九十里　引振波縣東南九十里

浮橋望山門外由橋以達金沙洲江水支流所經兩岍相峙明弘治五年知府冒政造舟為梁正德庚辰周儀改造嘉靖壬子知府嚴中增修萬曆中提學竇子偁重修

平湖橋在平湖門外

新橋在縣南大司馬熊廷弼昌建青石磴如梳形濶約三丈

許引湯孫湖南湖黄家湖青林湖諸水以入江磴
上有槽水泛兩旁用木板為閘中築玉以潼江水
各湖湖田賴焉工未竟而逝卒之水勢不殺秋冬
涸時濤湧沸騰若怒雷聲驚聞数里
分金橋望山門内　滋陽橋在廢楚藩東
明月橋文昌門内　清風橋文昌門内
伏龍橋中和門内相傳晋許遜自豫章追蛟至此蛟
化為白驢伏橋下有蒼龍橋在保安門外

陞仙橋平湖門外　青召橋忠孝門外

廣平橋賓陽門外跨南湖宋紹興中建

上橋忠孝門外　長虹橋縣東南伍里

踏泊橋縣南七里　老人橋縣東十五里

龍穴橋縣北四里

白洋橋縣東二十里明弘治中周廷用建萬曆己丑

大中丞常居敬重修有碑

李家橋後更名洪濟橋縣南二十里

楊橋縣東南六十里　張公橋縣南四十舊名張公渡

太平橋縣東南六十里有亭　獅子橋縣南六十里有亭

孟橋縣東南三十里相傳孟司空建

土橋縣東四十里　雨落橋縣東南四十里

菓盒橋在縣南百一十里聚仙舖橋頂有石鐫菓盒形相傳仙人對奕有持盒而獻者

仙人橋縣東南九十里濵渠子湖上有仙人寺

青林橋縣東南二十里　上塞橋縣東三十五里

冶湖橋縣東三十里橋圯周室輔募舟以渡

雷公橋縣西南四十里　曾家橋縣西南五十里

廖家橋縣西南五十二里　陽福橋縣西南六十里

花堤平湖門内政和間知府陳邦光縣令李基築以障水

萬金堤花堤之外宋紹雍間後大軍築之建壁江亭

郭公堤在湖心宋都統制郭果築

江堤自龍床磯以下計三十二百零一丈至石嘴以

下計三千三百五十一丈明大司馬熊廷弼有記

、路堤自張公渡起計二百一十三丈折而東者五十九丈自石子嶺以下共二千四百九十二丈熊廷弼徐日久有記

公署

江夏縣舊在石子岡隋開皇中自塗口易治於焦度樓下唐貞觀中徙府城南宋紹興中仍遷樓下元因之明洪武九年封建楚王遷漢陽門内知縣李永信建後大知縣葉奉翔請郎清軍察院舊署改建在鳳凰山下

國朝因之

大門

儀門

大堂　後堂

六房吏舍　東西二庫

内衙　寅賓館

獄舍

縣丞署堂左

主簿署今裁

典史署舊在堂左出改民房

鲇魚口鎮巡檢司縣南五里明洪武丁未設

滸黄州鎮巡檢司縣北三十里明洪武申辰設

金口鎮巡檢司縣南六十里明洪武己巳設

夏口水驛平湖門外明洪武五年設

國朝順治十六年歸並將臺驛

將臺馬驛縣東十五里

東湖馬驛縣東六十里明萬曆末改置紙坊

山陂馬驛縣東南一百二十里

金口水驛縣南六十里

總舖　長虹舖　和尚舖　新舘舖

石子嶺　紙坊　獅子橋　龍泉舖　新市舖

聚仙舖　誠信舖　潘果舖縣南　将臺舖

冷水舖　長山舖　土橋舖　山口舖縣東

孟城舖　横山舖　青山舖　官屯舖縣北

巡撫都察院明景泰四年設於布政司右隆慶五年

都御史張翀遷建於鳳凰山南癸未火

國朝順治十二年撫部林天擎遷建於前後所營要

路口

巡按察院明永樂元年間設布政司左正統十一年宂正德八年御史胡止重修嘉靖中御史吴百朋擴修祭酒魯鐸有記

國朝順治十八年巡按御史衙門奉裁今廢

總鎮府布政司西南明成化年間自辰州始移省城文昌門内弘治十三年鎮遠侯顧溥擴地重建明季兵火

國朝順治中提督柯永盛僦居民舍康熙初提督衙門奉
旨移鎮荆州尋奉
旨還鎮武昌提督李胡拜即總督新署居之

布政使司黄鵠山後明洪武間改行中書省剏建正統十一年七月灾十三年左布政使馬璉重建癸未兵火
國朝康熙四年左布政使劉顯貴檄湖北八府捐金

重建宏廠倍于舊制

右布政司宅第居右康熙四年奉

旨分藩長沙

分守道初在南街政建本司門左又改建司右明季

兵燹

國朝順治年間副使黑星僦居民舍康熙　年裁至

康熙　年復舊職分守徐惺即其舊居居之併鎮

蘄州

糧儲道在司西南明嘉靖十五年叅議丘萬仞重建副使王鎔有記明季火

國朝順治年間叅政李發藻僦居民舍康熙四年分藩長沙奉旨湖北改糧務驛鹽道公署因之

按察使司員黄鵠山明洪武五年開設正統十一年七月災按察司王瑄重建副使薛綱有記明季兵火

督學道明正統十一年副使薛綱建於臬司門左歐陽
旦有記崇禎十五年副使高世泰昂建巽閣於署
右以培文峰明李兵火
國朝順治十七年僉事周啓岐以郡州邑十一學弟
子員優免併學膳夫銀兩郎舊址建堂曰振德置
學道考廠在内康熙七年武昌總鎮劉應志借作
鎮署康熙十年武昌總鎮衙門奉　裁按察司闔
廷謨移作司署

分巡武昌道在臬司左明成化九年僉事鄒宗建今廢

都指揮使司明洪武四年開設文昌門内操捕道左屯局道右正統十一年災十三年都指揮馬翔重建明季兵燹

國朝順治中都指揮使包鴻逵即舊址昂建操捕屯局二道奉　裁康熙元年都指揮使錢騰雲增修

武昌府明洪武甲辰開設漢陽門内正統十一年七月災天順三年知府吳天爵張勛重建學士丘濬

有記明季兵燹

國朝順治十七年知府王維屏即舊址建邑康熙六年張璠增修後二年儀門漸圮知府呂爲章重建

宏厰倍前

清軍廳堂左

糧捕廳堂左

理刑廳頭門内左

經歷司堂右明季入康熙五年經歷進士朱之焜捐立廳舍

照磨所堂右

知事廳堂右

司獄司府西

轄屬遞運所文昌門外今廢

陰陽學在府南今廢

醫學在府城隍廟左

惠民藥局在府街今廢

僧綱司在鐵佛寺

道紀司在 武當宮

料鈔廠在漢陽門外

批驗茶引所文昌門外今廢

稅課司文昌門外今廢

養濟院忠孝門外

積穀倉舊武岡王基貯贖穀備賑撫部林天擎建

常平倉平湖門内貯贖穀備賑總督祖澤遠建

軍民永利倉俗名糧廠明成化中開設貯全楚人米

倉成洪波洶湧鑄兩鉄犀牛鎮之明季兵火倉毁僅鉄犀存其旁設倉以貯本府兑軍糟米

○南糧倉在花堤

○迎恩館漢陽門外

○貢院在鳳凰山前宋時無設建炎中附試于九江紹興甲子又各試於郡郡各置院興國茶陵零陵江陵俱有之明洪武初試於城隍廟尋建院於今所號舍舊皆板屋隘塲整庀不禦風雨又慮火患而費

費浩繁萬曆元年左右布政司施堯臣陳瑞悉以磚石易之上覆以瓦埸之稱便崇禎壬午提學高世泰增修號舍有記

國朝因之三年一修

○教場在武勝門外中建演武廳三間兵燹

、國朝總督羅繡錦撫院遲日益重修

○新教場在廢藩左官廳一座撫院劉兆麒建

學校

江夏縣學在鳳凰山下按大觀學制宋初以縣附郭就州學別置一齋名務本紹興以後悉附州學元因之明洪武初教諭沈浩然拓創於黃鵠山北後改楚府廣阜倉而遷學於平湖門內弘治戊午巡按王恩徙置今所嘉靖庚申巡按吳百朋提學張天復重修戊辰提學顏鯨有記

國朝順治年間略為整理嗣後殿廡傾圮殊甚撫部

張朝珍布政司徐惺學道蔣永修等捐貲修葺教
諭杜士英訓導魯録董其事遂煥然一新
先師廟昔為大成殿至明世宗易之曰先師廟始得
其正旁分東西為四配又旁東西為十哲
西廡分東西祀先賢東從祀諸賢三十一位從祀
諸儒十八位西從祀諸賢三十一位從祀諸儒十
七位
戟門在丹墀前即大成門按文廟立戟始自宋太祖

明嘉靖九年詔改大成門為廟門左有名宦祠右有鄉賢祠諸祀俱在府學

泮池池上有橋

櫺星門謂櫺如星以通神明之氣也門外有屏墻墻之左右有柵欄

啓聖祠在明倫堂後

明倫堂、先師廟後、宋朱熹有銘堂東有存誠齋西有至善齋今廢

敬一亭明嘉靖五年御製碑一通有㡵
文昌祠啓聖祠左
雙孝祠啓聖祠右康熙四年知縣黄雲會建
尊經閣明萬曆辛卯知府韓濟建今廢
學舍舊制三所在尊經閣前江夏縣額派學租剩銀
壹拾肆兩内每新官到任動支七兩修葺舊載全
書
學基前至蓮池堤後至城墻直三十丈五尺東至

貢院墻西除舊讓與撫院六丈只至撫院墻七尺
共横十五丈九尺前東角雲露坊前西角順治坊
後東角鳳凰山麓後西角雄楚樓界

修廟、小修江夏縣每年派銀五兩大修請詳院道
舊載全書

舊例相禮生員陸名歲給學田租銀陸兩、

春秋丁祭、先師廟釋菜祭銀壹拾陸兩玖錢陸分
啓聖祠祭銀拾兩肆錢舊載全書

學田附兩院司道本府舊買王玥沒官田坐落洪山
又買梁玉民田坐落九峯共税三頃九十畝每年
額定納租穀三百九十石内除穀一百三十一石
八斗一升六合准佃自納糧差實上倉官穀二百
五十八石一斗八升四合專膳兩學生員之貧者
婚塟支用賦役全書及縣黄冊俱載
撫部郭於萬曆二十一年買民陳宗孔王大才陳
臯田地據該府冊報告退追價於二十二年轉買

陳鸞田地塘坐落招賢里橫山村田稅九十七畝陸分二釐該租穀一百一十石內除穀二十七石准佃自完納糧差實納官穀八十三石收貯縣倉聽撫院支給貧生餘地二十七畝三分該稞銀一兩肆錢准給佃戶頂作牛種之資餘塘五畝八分八釐山一段三畝四分八釐無租賦役全書及縣黃冊俱載歲填循環報撫院

提學道買民何朝源田地坐落洪山寺前垌稅壹頃五十畝止徵租穀六十石地一段止稞銀七兩

俱收貯縣倉縣庫聽學道支給其本田所餘租穀尚多原議佃户自納糧差不在官收租穀地銀之内（賦役全書及縣黄册俱載）

提學道買龍泉洪山等處共税二頃七十六畝一分一厘一毫六絲六忽山二段草場一段亦止納租穀二百零五石五斗收貯縣倉聽學道支給貧生禮生教讀本田税糧亦佃户自納不在官收租穀之内（賦役全書及縣黄册俱載歲填循環報提學道）

以上每歲實租穀六百零六石六斗八升四合

地稞銀七兩

學道高崇禎十五年買學田三處

一洪山二十九石四斗二升二合應完納官租二百九十四石二斗二升佃户黄元之承納

一葛藤園三石應完官租三十石

一南湖壹拾四石壹斗七升完租壹百壹拾叁石叁斗陸升佃户苕秀峯承納

以上册載正米二十二石六斗九升分作四户寄
籍上恩附城輿仁從善人丁四丁一應條餉漕
糧等項俱在租穀之内照時價扣筭餘穀赴縣
交收聽候學道支給貧生
布政司翟順治十七年買徐步雲田壹百捌拾叁
畝貳分陸厘計貳百柒拾叁坵又兑換鄭仁趾民
田肆拾畝計陸拾坵共田貳拾伍石每年議租貳
百石山地伍拾塊稞銀貳兩柒錢

坐落來蕉二里一甲佃户鄭仁趾承納丁　米共銀壹拾貳兩壹錢陸分柒厘内除地稞貳兩柒錢尚該玖兩肆錢陸分柒厘内除穀肆拾貳石又𠔃米壹石捌斗捌升該穀伍石叁斗陸升穜穀壹拾貳石陸斗實納租穀壹百肆拾石

按院上官鉝買招賢村田九十畝叁分佃户葉篤生等承納除完正賦外存租伍拾壹石伍斗四升壹合赴縣収貯賑恤寒生

撫院順治中買田叁處計二頃柒拾陸畝壹分

一買彭中甫招賢村田四石佃户李闇生承納租

穀肆拾伍石内扣壹拾叁石完糧餘穀候賑

一買喻田奎横山田叁石本佃承納租叁拾石扣

壹拾壹石完糧餘穀候賑

一買何信永豐里田壹拾捌石本佃承納租壹百

貳拾捌石伍斗内扣叁拾玖石完糧餘穀候賑

武昌府學在黄鵠山前

芹南書院　在府學前提學薛綱改社學今廢

濂溪書院　在府學前旧為社圃亭嘉靖四十二年
都御史張雨改建今廢

江漢書院　在忠孝門内
國朝順治初布政翟鳳翥建巡撫林天擎徐化成會
集多士肄業其中

東山書院　在黄鵠山東東方朔讀書處今廢

壇廟寺觀

社稷壇縣北五里　山川壇縣東南五里中和門外

郡厲壇武勝門外五里郡守祭

城隍廟黄鵠山麓祀晋車騎将軍焦明明景泰二年

知府刁正建提學韓陽有記

縣城隍廟縣署儀門外西

旗纛廟山川壇右每年霜降先一日都司祭

関帝廟三一在長街

國朝撫院林天拏建一在小東門内為水口関帝廟
一在郊天臺為阜刀泉関帝廟
三義廟在縣西南祀漢昭烈皇帝及壽亭侯関羽車
騎將軍張飛
張王廟唐張巡守睢陽有保障江漢功故祀之
岳武穆王廟二一在縣東五里宋岳飛保護上游有
功乾道六年建廟於鄂賜金額嘉定中追封鄂王
祀鄂州

國朝順治年廢一在賓陽門内青草坡

孝感祠宋紹興時建祀吳孝子孟宗也明弘治戊午御史王恩謂忠孝一道也乃分龕置主左題曰少保岳忠武王右題曰司空孟孝感王侍讀學士王鏊有記

茨廟右三皇廟相傳漢孟恭武之所建也在孟城潘濬有記

陶太尉廟晉咸和中侃鎮武昌卒於樊口百姓思之

至咸康中立廟郡西北隅以祀

宋大憲廟城内明月橋東漢宋無忌為火精唐牛僧孺立廟祀之禳火災唐帝建除武昌軍節度使将行夢朱衣道人從者数千詣帝曰公将過我門為我修葺頹宇可乎及至見無忌塑像如夢中遂新之元廢明郡守冒政訪郎故址昜建有禱輒應俗名火星堂提學沈鍾有記

陸大憲廟漢陸賈使南粤至江夏而亡郡人立廟祭

西南祀之

横江王廟文昌門内沿獮祖廟明洪武中勅建

江東廟吳王孫權破黄祖於沙羨建都武昌有德於

民世祀不絕

曾子敬祠　周公瑾祠

廣惠廟舊名順濟龍王廟宋淳熙間禱雨有應明成

化中建於文昌門外

普應廟在縣南舊云三公廟祀五子胥范蠡馬援

洞庭廟明萬曆己未建

周子祠武勝門内祀濂溪先生

四賢祠賓陽門内祀周朱二程四先生並王陽明先生

文昌祠在明月橋

表忠祠祀明建文死難四臣安陸姚善以守姑蘇約四郡勤王死應城樊士信以司馬郎守淮河死襄陽廖昇以太常少卿編史不諱死沅州周拱元以

錦衣鎮撫檄護餉舟死都憲徐學謨有記

馮大憲祠 明萬曆中稅璫陳奉剥民虐士所有激變武昌兵巡道馮應京命健卒縛璫使而投之江後為璫奏被逮士民泣送江干者数千人至今祠焉竇子偁有記

十大王廟

忠節祠

國朝順治丙申

勅賜左都督徐勇加贈太子太傅

東嶽泰山廟在縣東将臺舗

蔣王廟縣東祀金陵蔣山之神

五顯廟在貢院側每大比入闈之時士子祭祀不輟

相傳司文昌乃五行之精

鐵佛寺文昌門内舊名報恩梁天監中邵陵王捨宅

建唐天寶中有紅白二蜘蛛出入寺井為祟鑄鉄

佛鎮之明於内置僧綱司癸未兵燹

國朝順治中總督祖澤遠歨建後中丞劉兆其建藏經閣於中

龍華寺在賓陽門内明成化丁邜賜額

寧湖寺在明月橋北濵湖有水怪唐廣德建寺鎮之

頭陀寺黄鵠山南齊王屮有記觀音閣枕黄鵠磯相傳即頭陀寺舊地明末火

國朝重建魏廷謨有記

寶通寺即洪山寺唐寶曆中靈濟慈忍師自隨州大

洪斷足移此宋置副使孟珙都統張順重修明楚
昭王增修莊王靖王請賜今額有塔七層在山腰

東巖洪山之東

西庵洪山之西無念禪師開基太初師搆室

九峯寺離城五十里明洪武初楚昭王為僧無念建

長春寺楚廢藩後古黃龍祖師道場左有龍池其泉
二十四孔俱以石板覆之明洪武末二蛟起蛟起
處二石陷

鸚鵡寺城南鸚鵡洲畔即黄祖殺禰衡處

修靜寺沿傳唐李北海宅

小塔寺古興福寺隋仁壽間建今重修

靈山寺漢明帝時馬師建元至正間雲岩志公継之

白水寺在依仁里土名萬壽山唐時建

鹿泉寺相傳曾有白鹿跑泉于山陽泉沸湧不涸

金鷄寺六老山巒

雲隱寺俗名青林寺

慈雲寺八分山頂

清淨寺望山門內𠛬於唐貞觀修於明宣德洪武八

年有御製百字聖號碑

延福宮賓陽門內

武當宮黄鵠山東宫闕莊嚴峻聳

長春觀縣東賓陽門外迎春始於此以其居東方也

鐵祖師觀文昌門內

真武觀在九峯八山第一峯下明洪武末楚昭王[illegible]

子巴陵王卒卜築此山掘井不三尺雷雨忽作從窟中得石刻真武二將緣皆班駁王異之命建為觀

清真觀即孟城真武廟在縣北十里

白鶴觀傍白鶴山麓又北二里許為玉虛觀明洪武中道士簡志和建

三忠祠　祀楚三閭大夫屈原漢長沙傅賈誼唐工部杜甫督學高世泰建

晏公廟南門外公諱戍仔宋末清江鎮人入元為文

錦局勅平浪侯明永樂中楚王建

痘母祠在金華山陰明驛傳道丘履嘉建

國朝總督羅繡錦重修後撫部張朝珍重修

災祥

周孝王十三年江漢水

吳黃龍元年夏四月夏口言鳳凰見　赤烏元年八月夏口麒麟見

晉太康二年六月江夏大水殺人　惠帝太安中江夏牛犬作人言民張騁乘牛出牛忽言曰天下亂乘我何往騁驚懼歸犬言曰歸何早牛復人立而行占曰天下將有兵亂

陳宣帝大建十四年江水赤如血

唐伭宗開元十八年鄂州奏景星見　代宗廣德元年十二月夜鄂州大焚舟三千艘延及岸上民舍二千餘家死者数千人　德宗貞元八年鄂州獻白鹿

宋太宗太平興國七年六月江水漲高五尺　哲宗元祐七年鄂州嘉禾一本一枝兩穗三本三枝三穗

孝宗隆興元年鄂州大水漂軍壘民舍三千餘區

淳熙元年十一月鄂州南市火暴風通夕燔千[illegible]

十二年十二月鄂州大火燔萬餘家江風暴作結廬于隄泊艦於岸者焚溺無遺　十四年五月荊江溢鄂州大水流民室三千餘家　光宗紹熙三年十二月鄂州火燔民居八百家　寧宗開禧四年八月鄂州外南市火　加定四年八月鄂州火燔五百餘家　十六年鄂州大風壞戰艦三百餘

鄂州饑

元至正元年四月江夏火延烧四百餘家十二月大
尤烈　十二年江夏雨粉針民家門户柱壁之間
有粉痕如針樣無数　冬雨黑雪
明憲宗成化二十三年大旱相食　孝宗弘治十一
年江夏久不雨頻大自十月至明年春不雨城中
火数發延烧数百家後有烏啣火鼓翼烟焰勃起
民皆驚倫　世宗嘉靖三年大旱　九年大水民
舍田禾漂沒殆盡　五月江夏水溢山崩裂

稼城傾百餘丈湖鼠青蟲生食稼 八月隕
御史吳廷舉賑恤 冬江漢冰合 十四年大旱
二十二年鸜集端禮門二十四年正月十八日楚
英燿不子 三十七年七月異風拔木摧屋江湖
被溺者無筭 四十五年江夏水漲入城 穆宗
隆慶元年江夏大水異鼠害稼 神宗萬曆十七
年黃鶴樓災延燒千家有狐從漢陽門入陰雨作
人哭尋之無有城外龜蛇大鬪後龜蛇俱死自此

以後水旱饑饉相仍税璫陳奉至激變全楚後又有逆宗崇仁攫金殺巡撫趙可懷之事　二十年大旱湖水盡涸　二十七年大火延燒縣治黃鶴樓居民數千餘家三十三年地大震三晝夜三十三年大焚都察院公署前後俱盡時巡撫梁雲龍以楚事自外道擢巡撫也　三十四年天火焚民居數千餘家　三十六年大水金沙洲暨城外沿江人家悉沒城内縮橋而渡無算　三十

年大火焚望山門延燒洲上千餘家　四十年
水不及三十六年者盡餘　萬曆末天獄星見武
昌因曾星曜盜殺司李孫育祿於黃鶴樓　熹宗
天啓元年明楚藩承運殿災時大雷雨　天啓二
年大水、四年春霪雨二麥不登　烈宗崇禎元
年夏大水秋大旱　六年地震江湧如沸　八年
寶通塔霞光如火樹是年賀逢聖入相　九年大
水鼠化為魚　十二年春三月金沙洲火烈風雷

雨軍門旗竿折　十三年夏四月飛蝗蔽天
十四年晝晦如暮已午不見人　秋大疫死者山
積　十五年七月夕洪山棲鳥驚噪飛而復匝者
三周及晚巢盡拆去年十月左良玉擁兵十萬餘
盤踞金沙洲焚河街環城一帶民舍拆毀幾盡婦
口逃匿無所次年春二月獻逆來攻闔風揚航而
下　十六年五月晦大雨雹有龍墜地獻逆屠城
按明楚王華𡐓入江　十七年大旱左兵來[illegible]

郭田盡汗萊

國朝

章皇帝順治二年大水　五年秋霪雨禾苗生耳

八年火藥局災楚廢宫磚石噴激如雨觸者死傷無算延燒民舍千餘家　九年正月朔雨雪歷夏

祖秋不雨江水涸湖渚陸行　十年春雨蕎

十五年冬十月隕霜成氷占曰禾嫁　十五年火

水下詔觸恤　十七年大水城内行舟

康熙元年大雨雹　二年秋天水三月不減　三年黄鶴楼火鼓楼火城幾赭死傷甚衆　七年虎入金沙洲　十一年秋旱

京師圖書館藏書記

王鄂州刺史

宋楚恭惠王元偁太宗九子領鄂州都督武昌軍節度使真宗即位加同平章七年薨有集三卷筆札一卷

宋武昌縣開國子進封武昌郡開國侯追封鄂王謚忠武岳飛武穆功在江夏

元威順王寬徹普花世祖之孫鎮南王脫歡子也泰定三年封威順王鎮武昌賜以金印縱麾下法薛丹等侵奪民利播美威福以致寇盜縱横宗社隨

京師圖書館藏書記

墟今黄鵠磯頭上黄鶴樓下石塔為咸順王太子墓

明洪武封第六子楨為楚王永樂二十二年薨謚曰

昭葬靈泉山

莊王孟烷　憲王季垷　康王季　靖王均鈋

端王榮減　愍王顕榕　恭王英㷿　恭王子華

奎癸未　獻賊破城投之江

秩官

知縣

明李永信　王　雯　徐　善　吳世英 鹽城人舉人

魏　宏　相　斐 湯溪人進士　陳　祿 滕縣人

龔　銳　文　誠 四川人舉人　葉宗棨 四川人舉人

王文卿 浙江人官生　馬　玉 江西人舉人

王　軒 四川人舉人　馬舜民 江都人舉人

蕭　韶 永豐人舉人　陳學夔 宜山人舉人

湯　憲 栗陽人舉人　吳德元 歙縣人舉人

梁拱辰 雲南人舉人

丘時雍 福建人

黄世厚 蕭山人舉人

莫　揚 吉州人進士

何　傑 崇慶人進士

董紹舒 山陰人進士

徐日久 浙江人進士

李應公 四川人進士

趙　　江進士

蕭九咸 南昌人

韓　棟 安慶人舉人

葉祖堯 鳳陽人進士

顔文𨑹 宣城人進士

葉鳳翔 婺源人進士

方道通 歙縣人進士

樊尚燝 進賢人進士

三爾玉 進士

朱統鐼 江西明宗室進士

劉　勍　江南人進士　　　徐名琦　浙江人進士

徐學顏　浙江人明楚府長史署縣事

國朝

尚　沔　河南安陽人壬午舉人

董象乾　山西萬泉人進士

張其修　蒲州人廂紅旗貢士

黃雲會　江南東流人歲貢

吳日來　福建侯官人拔貢

趙應登　江南上元人

馬中駿河南宜陽人辛卯舉人

縣丞

明

沈璲 區經 周慎 高邦靖 劉相

施金 王顕邦 鄭禾 歐世傑 潘錦

陳摸 靳臣 周汝南 安正孝 楊一陽

陳世瑞 馮時雷 高一上 劉鳴鶴 林公輔

向兆麟

國朝

郝澍 北直人歲貢

謝士賢 山陰人

李調元 北直人生員

吳汝楫 江南人

王燮昊 北直人

王之亂 恩貢

王斗樞 陝西華陰人拔貢

主簿

明

徐文瑛　張鳳　朱錫　蒲宗義　劉知良
程世祿　倪存耀　李敷　孫縉　楊震
王湖　陳大經　鍾遠　張東崗　王修
楊機　戴儒　高銓　聶夢熊　王旂
力晟　熊渭　王爵　王鵬翮　左瑞
楊文潮　韓地　章夢英　劉立忠　李確
歐陽地　王嘉寧　王萬春　鄭大賓　張文耀
吳瑞隆

國朝

何守環

黄國弼　後奉裁

典史

明

張承福　羅峻　陳海　俞祿　馬遠

龔鍠　潘廷李　梁鍾　劉蔓　黄通理

周德龍　佘洪閣　黄承芳　胡玉麟　曾文光

晏起龍

國朝

劉奇名 陝西人

曹鴻運 陝西人

戴 貞 浙江人

陳文顕 浙江人

趙應元 陝西人

教諭

明

沈浩然 沈仲維 劉宗 蔡仁 張雅

簡鉞 羅衮 涂爵 余仕舉 王中

杜從易　陸　德　周　南　蘇大有　丁用中

何　綍　劉季芳　王　銓　姚一理　楊秉紀

王廷椿　林應奎廣東人舉人萬曆甲午聘廣西分考陞恭城

歐陽東白　鄒　館麻城人舉人陞九江通判　唐之賓

蕭如蘭　王湯孫戊子舉人中庚戌進士

陳　鑑字子明廣東人舉人著江夏小史　尹除寅

黄文星字子咸　胡秉臣　魏國賓　張威如

萬同春萬曆辛酉聘廣東分考歷官汾陽府同知　何世延

國朝

王蔚　壬午舉人，北直刑臺人，新寧縣知縣，委署教諭事，戊子科分房
江載清　黃安人，舉人
何詢之　字毓鑾，漢陽人，舉人，聘貴州分考
唐封　麻城人，舉人，中庚戌進士
尋奇　瀏陽人，歲貢
杜士英　號復菴，黃岡縣人，丁酉舉人，康熙壬子科聘江西分考

訓導

明

王進　講明體適用之學，永樂初預修性理四書大全，陞五經博士，歷官侍講

李欽　何塇　趙秉髮　張沆　廖麒
蒲作　陶賢　李會　徐有鳳　李侃
陳見　馬陽　裘汝洪　杜爲翹　任可久
張叔豹　李懷明　馮世良　鄂軫　羅九思
劉瀛　王直卿　鄒昌言　何喬　趙元楨
潘煌　郭康　李御選　劉甸　王顯仁
鄧啟周　任弘道　陸迎　陳夢暘　劉科
樊衡　李芳春　李呈明　周繼初　鄭重
何日芳　何其忠　暑宗遠　伍雲同　羅邦琦

國朝

張開魏　雲夢人歲貢

黄圖鞏　荆門州人歲貢

蔡之芳　華容人歲貢

周頌孫　襄陽人歲貢　康熙四年奉裁

巡檢

國朝

施承緒　吴國祚　馮時漆　以上點魚口

胡起貞　金鉦　盛同員　劉壇獻　以上蔪黄州鎮

曹萬里　張文炳　尉弘道　郭珽 以上金口

驛丞

國朝

袁海　陳泰 以上夏口驛順治十六年奉裁

王大捷　張光先　陳恕　張化鼓 以上將臺驛

張德化　吳士斌　張政教 以上金口驛

謝維新　郭惟鎮　張琳 以上東湖驛

張文　周之浩　鍾舉翰　趙弘竟 以上山坡驛

名宦

明

李永信洪武間江夏知縣講明理學以淑生徒至、今稱焉

徐春洪武中知江夏勸民稼穡治行爲諸邑最

陳學夔字汝諧宜山人進士邑令舊鮮制科至者因循故事揖遜東成事上官而已公至盡革宿弊吏人莫敢爲奸縣事翕然一新又雅好士類、所簡拔多名士今人稱賢令必首徐公

游季勳江南豐城人慈祥愛民公庭無事不用鞭笞居恒飲食無兼味持母喪去無他費篋行至白滸鎮群盜猝至稔知爲公曰游公廉吏解散去

莫揚字子充江西吉安府人由進士初授江夏縣知縣公天性惇篤無一語欺人居官四載上官有所需索多不應寧忤上官不爲朘削作備值行丈量之令公率里老公正爲文祭城隍神血爲誓已揖公正再拜曰令長不難拜若屬以若屬戒令長矣事惟此再拜若屬或因緣爲奸令

長聞知不爾貸福於而衆而身亦惟此再拜衆感泣不敢負公雖窮山深谷不憚拔涉以故覆訟無人敢高下其手又力生行條編法邑人頼之歲旱微服蒲伏道路並走群望其容有蹙父老望見顏色有泣下省涘旬大雨如主公性不偵人過亦不欲以獄 朴見功能色人大治秩滿授到部主事死於官不能殮楚士民在京者為捐資會槀葬焉

顏文選字選之宣城人進士 知江夏事天性豪爽

訟事兩言而決獄無滯囚六曹掾莫敢措一語每兩造成不問贖鍰路府請湖田力為調停又請金口墻民房七百餘間公覈得沿江崩圮連年大燒殆盡又力為調停邑人便之辛卯同大史郭正域纂修江夏縣志

徐日久字子卿亦江西安人由進士授江夏知縣雅意好士修飭黌宮廣属會課謂楚文奔放宜以沉鍊機警矯之文體一時立變至今人傳頌焉

樊尚景號重陽進賢人萬曆末江夏知縣修學碣

力董事會周公卒熊公出閑賀公還朝段公病公行取為御史巡淮鹽僉學工未成復緘二有金來縣俾成之

朱統鑽字絳巖明江西瑞昌王府宗童由丁丑科進士知江夏縣事下車之日稔知楚宗慓悍一裁以法權貴斂手是時楚民凋敝已極公以興利除害為己任修城堡濬濠池夜禁稅者匪閣閭小民咸屬強宗與權要之家公創為小抑令里長戴之書通稅諸姓名於其上恥辱甚於刑

法善政率多類此

徐學顔字　浙江人任楚府長史崇禎末署江夏縣事適献逆告警公晝夜提防身先士卒誓死以守孤城継而賊势蜂擁比撫王揚基渡江去公以綿力難支乃肅衣冠正襟危坐自縊於城西之望山門楼上城乃陥世共悲之

選舉

薦辟

明曾泰洪武初以秀才徵學行允孚上重之每慷慨論事言無不從超拜户部尚書

辜皋洪武初知饒州德興縣招撫流亡聚兵障寇時開礦権銅為民患奏請罷之乃修學校建橋梁擴榛蕪鷄犬相聞遂爲樂土

選舉

明洪武甲子科

劉仲廉己丑進士工部侍郎　張濟祐甲戌進士

秦進　奚瑛　樊時中　徐觀

洪武丁卯科

徐克温　譚彬　余思泰　何源

洪武庚午科

劉朝宗户部主事　萬嵩　易文政　王仕中

汪茂時四川僉事　来啟　李時亮

洪武癸酉科

楊繼本　傅宗仁　張郁　郭平　楊貴

洪武丙子科

鄭璧　劉端　劉鏞　袁啟　傳訓

張必貴　陳岳　余祐　黃瑱　胡源

洪武己卯科

余海宗　盧文政自幼嗜學温雅有度授吏部主事累官大僕寺丞致仕手不釋卷著歷代一覽

李元善　栢堅　劉先　李一　吳萬儀

永樂壬午科

吳謐　馬武　武揖甲申進士　曹誾丙戌進士

杜宗晦 甲申進士布政　王　禮 甲申進士知府

熊　進 甲申進士　劉文諴　張尚德　王永錫

曾　敬 甲申進士御史後四川提學僉事

永樂乙酉科中一百七十六名

熊　傑　李　純　何　清　宋　庸　朱　質

喻　純　盧　韶　杜勝宗

永樂戊子科中一百七十四人

鄧　真 解元乙丑進士布政　辛友直　揚　遂

曾　玹　張　弘　徐文質　熊　宣　吴　禧

余安 唐璽 易真

永樂辛卯科中一百五十九人

何諒 熊英

永樂甲午科中一百八十九人

劉潤 亦源戊戌進士 賀巚 鍾思榮 劉忠

陳讓 許斌 王旬 劉弘道 董礼

崔讓 戊戌進士 于璽

永樂丁酉科中一百九十五人

劉鏈 陳鑑 許宗善 劉聯 劉淵

永樂庚子科　中二百人

嚴爵　許謨　李友文　薛思敬　史芳

李觀　任瑄　任環

永樂癸卯科　中一百九十七人

張祥　奚鐸　韓忠　熊英　劉文海

丁啟　貝宗海　曾永和　吳軏　山東按察僉事

宣德丙午科

陳晃　吳勤　鄧廷　貴州副使，歷任三十餘載，廉介自守，歸家不履公署，世稱鄉賢。

宣德己酉科

王彦成據志載

宣德壬子科

馬嗣宗

宣德乙卯科

奚鋮　李俊

正統戊午科

王竑 己未進士兵部尚書

正統辛酉科中式五人

辛浩 壬戌進士御史　王庚 壬戌進士布政

正統丁卯科

楊麟　孫熙推官　劉觀吉安知府

上秦甲戌進士參政　陳文偉安丘知縣

景泰庚午科中一百二十五人

劉寂　海永寧　王賓　劉志紀墊江知縣

熊揆甲戌進士御史　陳文英　任璽庚辰進士副使

劉允寬霸州知州　樊鏞　杜鋐丁丑進士參議

景泰癸酉科中八十五人

劉餘慶解元御史　何本同知　李吳森　陳昌知府

朱鑑 宰敬 張敏

景泰丙子科

傅銓 韓孟端 陳瑄恭議

天順己卯科

胡中 余本正運副

天順壬午科

趙文 田倫 劉紹伭

成化乙酉科

吳琦 王紀 湯泓 丁鋭

成化戊子科

徐　鏞 己丑進士副都御史　　韓伯清 通判

余本釗 錢塘知縣有治責　　金　旼　上　觀 知府

成化辛卯科

辛　鑑 知府　　許　節 辛丑進士知府

陳九叙 辛丑進士知府　　海　瑄　王　溥 甲辰進士

成化甲午科

廖　瓚　田　昂　徐　鉞 庚戌進士知府

成化丁酉科

潘縉　張才　楊觀　周仲芳戊戌進士，罗山知縣

成化庚子科

余瑤　陳完　劉紹宗

成化癸卯科

林貴　陳梗

成化丙午科

劉綬吏部司務，不就，沉酣著述　徐鋐司務

海鯉庚戌進士　余珊　段經

弘治己酉科

黄寧　嚴傑　劉績 庚戌進士知府

徐鈺 庚戌進士四川布政　黄塗 襲指揮陞參將所著有聞見錄風閣集萬梅集

海鯨

弘治壬子科

鄒彦奎　寇仲芳、吳廷章　陸彦廣　康貴

姚文道

弘治乙卯科

趙遷 江山知縣撫字得民心　李鵬　徐馨

弘治戊午科

張鍾靈解元　沈　貴雷州府同知有退田集　楊　瑞
林　本　黃　銓　羅　鏜知州　張　璞己丑進士御史贈太僕寺少卿

弘治辛酉科

安　節　嚴時泰辛未進士布政　陳　輔　王　鳳
何　炌辛未進士御史　瞿　懋

弘治甲子科

林一鳳　劉　倫古田知縣　胡　康　田嘉禾
張　軨

正德丁卯科

吳瑄　許耿濟知縣　丘璠　陳梅禮部司務

陳大績　段繡考城知縣

正德庚子科

牟盛丁丑進士郎中

正德癸酉科

韓楷辛巳進士副都御史　周鉞　王鎧

李珍　王洪　李梓然工詩文　李璋

羅英甲戌進士參政　吳寶甲戌進士

正德丙子科

吳拱辰知府　羅　雲知州

正德己卯科

馮世雍癸未進士徽州知府　詹文光己丑進士知府　詹文慶同知

詹　乾通判　鄭　材教諭　康　科知縣　瞿　表知縣　高　岱知縣

嘉靖壬午科

吳光祖　吳　旻華州知州，勤於撫字，華人廟祀之。陞工部員外，未之任卒。

王　瑞通判　楊繼美

嘉靖乙酉科是科題名立碑於黃鶴樓

李　萃知縣　劉　晉知縣　劉　珊知縣

陳宗年知州著甬樛集　鄧　彬

嘉靖戊子科是年始用京考

張　札知縣　李　維即趙繼壬辰進士參政

順　境戊戌進士知縣　蕭　溥并隣知縣有文學

嘉靖辛卯科

吳紹曾知縣　呂調音眉州知州

嘉靖甲午科

張　挑觧元知縣　歐陽梧知縣　劉　菁通判

嘉靖丁酉科

彭冀衡 知州　年　舉通判　徐直之 知縣

陳仁　余方 珙縣知縣　張鵬 金華通判

嘉靖庚子科 是年清軍御史姚虞上疏增額九十名

王守成 袁州府同知　張楦 知縣　陳墀

趙子伯 知州　杜一山 南鄭知縣

嘉靖癸卯科

周沖 江安知縣　王克欽 峽江知縣　王應明

方清 知縣　順廷訓　丘桂芳

嘉靖丙午科

張　鰲碑作張烈　張啟晨蕭縣知縣　栗應瑞山陽知縣

嘉靖己酉科

郭　楙趙州知州　張希范蓬溪知縣　羅　琳長寧知縣

蕭鳴虞内鄉知縣　黄　茂己丑進士知縣

嘉靖壬子科

侯　旬　劉　玫銅陵知縣

嘉靖乙卯科

韓原性

嘉靖戊午科

胡鶴來 知縣　田應鳴 莘野知縣　王 輅

陳嘉言 知州　曹當勉 壬戌進士 江西參政　侯應爵 貴州參政

李廷楚 新寧知州　馬 尚 考城知縣　劉體元 內丘知縣

嘉靖辛酉科

周文卿 辛未進士 兵備副使　陳 善 知縣　詹 朝 廬州通判

陸通霄 雲南副使　黃 芬 扶溝知縣

嘉靖甲子科

張啟明 重慶通判　余 蓁 柳城知縣

隆慶丁卯科

江沛然 辛未進士郎中　　吴時泰 馬湖推官

隆慶庚午科

周廷泉 知縣　　聶文湛 知縣　　吴子約 嘉定知州

萬曆癸酉科

常居敬 甲戌進士都御史　　陳鑾 南户部主事

丁應泰 癸未進士給事　　葛大禮　　馬彥 上蔡知縣

萬曆丙子科

張文光 戊戌進士光禄少卿　　包萬象 知府

蕭時鳴 四川通判　　一

萬曆己卯科

揚啟棠 通判 朱文卿 壬辰進士廣信知府

郭自成

萬曆壬午科

梅開先 乙未進士知縣陞工部主事未任卒

劉廷柱 壬辰進士兗州知府

郭正域 癸未進士礼部尚書

萬曆乙酉科

牟三近 歐陽晨

萬曆戊子科

郭正位 國子監丞

常居安 延平知府

薛虞期 同知

任家相 北監中

萬曆辛卯科

柳東 知縣　侯世屏　劉崇馨 知縣　馮國楨 知府　張鳳翼

劉成功　段然 乙未進士南户科給事　黄養正 知州

萬曆甲午科

向于宸 癸丑進士刑部主事　吳思温 同知

萬曆丁酉科

張雲鵠 刑部員外　熊廷弼 解元戊戌進士兵部尚書

胡之寧　郎易之鋭 知州　汪之彦　葛大同

萬曆庚子科

張維禎　雲南副使　劉彥　王宗臣　孫志元知縣

董暹　甲辰進士　艾棐　成都同知　張光先知縣

陳之清　庚戌進士山西副使　呂時煥

萬曆癸卯科

楊大名　賀逢聖　丙辰榜眼大學士

萬曆丙午科

楊煥　游士任　庚戌進士

萬曆己酉科

王時化解元　劉有聲知州

萬曆壬子科

謝登第　李呈芬　易文明同知

萬曆乙卯科

吳裕中己未江西道御史李應遷乙丑進士

萬曆戊午科

彭光祖　胡桂明　盧維先　劉民悦己未進士知府

天啓辛酉科

陳沂復姓周歷陞東昌兵備道壬午死節　劉映宸

劉相可　李玉華壬戌進士歷麗水吳江合肥平江西縣令

常士顕宜賓知縣　吳恩文岳池知縣　馮奇知縣

天啟甲子科

貢其志

天啟丁卯科

金城　魏希哲　陳克典鄠邑縣知縣

崇禎庚午科

詹大有金谿知縣　謝鳳洲

崇禎癸酉科

吴元伯 庚辰御賜進士　李大年 丁丑進士温州推官

丁時魁 庚辰進士　楊士吉　魯　鑑 甲戌進士

朱盛念

崇禎丙子科

黄正色　夏九功　黄文旦　胡公陳　吴　球

朱盛浸　萬爾昌　謝時揚　陳楚望 合肥知縣

李自重 庚辰進士　詹謹之 濟南府推官

陳一道 順治丁亥進士孟縣知縣

崇禎己卯科

周家男　張廷寅己丑進士　鄒振奇　黃鳴陽

朱正國安鄉縣學教諭　萬宗孟　蔡之俊邑

崇禎壬午科

朱盛浡　朱宗檟　丁之鴻　詹大衍　劉敏仁北監中

戴治盛壬辰進士霍丘知縣　李以範

國朝

順治丙戌科

劉藜燦陝西鞏昌府安定縣知縣

師覺先蓬溪知縣陞北直保定府同知未任而卒

順治戊子科 中六十三名

吳正治 己丑進士 礼部尚書

張瑾光 己亥進士 劉節孫 壬辰進士

蕭維撰 己丑進士 張燕翼 陳 基 己丑進士即墨知縣

順治辛卯科 中一百二十一名

范 儀 北監中 招化知縣 殷安国 寶慶府武岡州學正

陳肇昌 戊戌進士主事

順治甲午科

屠大祐 辛丑進士 汪開楚 山西盂縣知縣

佘安雲 廣平知縣　江源 辛丑進士新河知縣
程自馨 改名程啟張辛丑進士武城知縣
田卜昌 四川汶川縣知縣任啟余　徐奇功 固安知縣
陳翼明　袁昂先 戊戌進士直隸真定府新河知縣
徐如梅　楊碩 廣東惠州府博羅縣知縣
陳昌蓮 陝西西安府武功縣知縣
順治丁酉科 中一百六名
周之美 庚戌進士　吳什東 己亥進士萊州府推官改繁昌知縣
楊兆傑 任兵部職方司主事奉使安南副使賜一品服俸

林廣生 北直大名府清豐縣知縣　華生甫 河南閿鄉知縣

汪與南 直隸武邑知縣　艾自馨　葉自巖

汪士奇 己亥進士推官改授東鄉知縣

范其鑄 戊戌進士山西潞城知縣

順治庚子科 中五十三名

夏雨澍　鄭二成 辛丑進士

康熙癸卯科

陳國祝 丁未進士知縣　汪錞 庚戌進士　丁盛時

梅嘉楠　白學亂

康熙丙午科

吴大成　黄嘉胤　龐還朴　周之麟庚戌進士

鄧文源　徐上達

康熙己酉科

胡鳴皋庚戌進士清河知縣　張耀　劉奇

康熙壬子科中五十三名

黄五美　羅俊　曹映孫　王昂隆

揚之奇丙辰進士　周纏

歲貢恩選俱附

明縣庠

方爵 洪武初貢入太學任廣西行省參知政事

立陵 給事中歷官參議　王玘 戶部主事

樊鑑　羅茂　王鵬　毛賢　皮宣

汪華　范瓊　王麒

黎忠 正統間建昌推官閩寇鄧七陷鄰境屢出奇謀克摧賊鋒陞知府

姚瓊　何冕　王鉞　董璉　段讓 知縣

曾仲賢　董珍　劉璽　耿銓　蕭廣

李棍　楊昱　王玉鎰　丨周麟　張通

王播　詹楨丨　郭壁　吳俊　奚恭

汪必輔　彭玉　段富　劉通　張文諒

葉景韶　方耀　沈世昌　陳會　辛廷俊

宋文愚　社鈞　吳禎陝西鞏昌通判　史雲程

呂瑄　謝鎧　葉文蘭　駱金　曾鐙

龍霖　毛瑞　吳憲通判　張雍　熊鍾岳

王重　蕭漢　趙儀　葛秀　陳熙

楊芳　唐輔賢　張芳　呂調元　趙子仲

劉鉞　葉翅　蔣成　鄭芨　張楷

陳常　羅龍　李沛然　葛九疇　詹節恩貢

謝欽　黃華　游鶚　王應昌　黃芳

毛善　賀文舉　劉體亨　張翱南　周至德

王鉞　余有執　王虛己　羅衣　曾守礼恩士通判

李灼　呂輸　王本和　陳光裕　郭化成

劉文燦　呂廷鳴　張應箕　向本瀛　陳鑒

劉崇文　袁旦大名通判　王宗皋字司直　孫鵬舉　顏国年字仲永號心玄

曾先恩貢岐山知縣　張應亨　許熔　朱正国恩選

李春元　汪弘育　李暢然　夏大生　李一枝

王師文恩貢萊州府通判　汪甚恩貢　高啟明　余伊孝

戴文星　吴琮任丘知縣　陳治道漢陽府學訓導

國朝縣庠

胡自章知縣　沈一道縣丞　聶文輪　林秀　龔芳澧州學士

龐載汾陽知縣　余經貢監　胡良達戊子恩選

陳冉電白知縣　張四維撫州府崇仁知縣

程封南寧知縣　葉秀麻陽學訓導　劉承秀

劉夢龍慈利縣訓導　姜宸遴字野修康熙元年歲貢奉文准作恩貢考授州同知

熊雯　瞿　清貢監陳亶庸字君常　士元字大俊考授教職

馮景昉字旦初考授教職　程文煥字佰章　陳駿聲字文有遷授

明府庠

劉經　田濟　宋以方　余文璉　李明

陳昂　劉本清　鮑璦　鄧有慶　王忠

常璦　謝京　蔣志學　羅禾　余臣

吳鏞　黃奎　陸鳳　彭淮　賈鉞

耿介　劉策　羅紘　賈銓　馮棐

張寬　張鵬翼　尹銓　孫繩　汪若水

蘇雨　徐敷之　洪介　陳宗虞　金相

李校　董籍　何昺　黄洲　周相

余鍊　涂行　何杲　黄璧　劉抗

許慶　蕭方　李芃　劉節　余蔭

石璞　張維　馮世寧　劉鎬　楊山

張敬東　王自新　易乾　田蘇　胡尚庠

薛鈺　石琢　李元化　沈容　陳仕

石魏　李喬　余蔡　許柟　聶鏡知縣

白昇　游鴻　康寧　劉大譜恩貢知縣

王聘已恩貢　李元敬　薛霖　張昂　張斗
朱錦　朱欽　汪寅　黄正色　陳賢
吳寅　呂朴　蕭懋功　程世遠　任家相北監鄉舉
賀廷洲　常自徹選貢太平知縣　尹就湯　孫善述
羅一妃　陳增　陳在　高應選　林皐
孫志元選貢　張一鵬　許可繼　李應箕　陳其愚
李德源　郭光祖　張一龍　揚捷　陳燈
陳德應　朱充登　余孟李　牟三立　羅凱荊州府教授
金至貴　李孚　曾李夔　梁文輝

余文煥字還淳吉水縣丞陞陝西清澗知縣

李光祚懷遠知縣

余孟李選貢慶遠府同知

張光初隣水知縣

蔡士達選貢叙州府通判

熊兆禎字善甫河南商城縣訓導

周炳靈山西太原府岢嵐州興縣知縣

胡試麻城訓導

游文駿景陵教諭

馬顕祖保定府通判

萬策杭州府通判

胡自牧恩貢

陳靖之恩貢

梅開盛字郢陽號大庚開先胞弟天啟二年貢

白需吉

劉師祚

朱盛濩選貢

劉成龍

朱盛梁

余文換知縣

許明垣

白文熙

孫可大襄陽府訓導

陳士彥　段以熙教諭　宋盛濤字同初　馬　馳字知伯

杜之清字天一　余汝翼字幼明　游士僙知縣

熊兆璧

囯朝府庠

夏　璜　尹奇養　孫明鎡字田叔考授州同

熊姜夢字乃古無錫縣丞　游明羽字儀卿

顏育鶴字滌陽滁州知州　魏文華字蔚章棗陽縣學訓導

劉德健字毅公拔貢南川知縣　劉　昜陽武縣丞

吳　璜字礼伯常寧縣訓導　孟安齊監利訓導

潘晶字水石嘉禾訓導

孟醇儒歲貢准作恩貢

鄧日章 方之煥

周有開字必先

陽來褒字聞修選拔

張鳳翼字祥伯內鄉知縣

陽向聘字任卿事繼母以孝聞

曹漢參字持平

趙應瑞字文祉

程大覃選拔

任萬里字遠度

湯懋昭字藎之

程瑺字恒生拔貢

京師圖書館藏書記

江夏縣志三卷目録

京師圖書館藏書記

江夏縣志

先賢

後漢費禕字文禕江夏人諸葛亮舉為校尉使吴值孫權瀆稽諸葛恪才辯禕應機條荅不能屈遷侍中代蔣琬為尚書令時公務煩猥禕朝晡聽事日中接賓客飲食博奕盡人之歡而公事不廢魏軍攻境大夫來敏至求共圍碁時羽檄交馳人馬擐甲禕與對局色無厭倦敏曰君信可人即令師還

後進開府為魏將人郭循所害謚曰敬侯

魏李通字文達江夏人以俠聞常生擒黄巾大帥吳霸用其衆歲大饑傾家賑濟士爭為用建安初詣曹操于許拜振威中郎將屯汝南南界操與袁紹相拒官渡紹遣使招通部曲汝曰今孤如從紹通按劍叱之曰曹公明哲必定天下紹雖強盛任使無方終為虜耳吾死不二即伏斬紹使後拜汝南太守卒謚曰剛侯

晋張光字景武以牙門將伐吴有功遷都尉從征氐羌戍馬蘭山賊圍之百餘日光撫厲將士屢出奇兵擊賊破之于是擢新平太子加鼓吹屬雍州刺史劉沈被密詔討河間王顒光起兵助沈沈委任秦州刺史皇甫重重自以關西大族心每輕光謀多不用及二州軍潰為顒所擒顒謂光曰前起兵欲作何策光正色曰但劉雍州不用鄙計故令大王必有今日也顒壯之表為右衛司馬時刺史劉

弘雅敦重光揜光為南楚之秀陳敏作亂江夏太守陶侃與敏大將錢端相拒于長岐光伏兵破之遷材官將軍梁州刺史尋鎮漢中時逆賊王如餘黨李運楊武等自襄陽三千餘家入漢中光嬰城固守憤激成疾佐吏及百姓勸光退據魏興光按劍曰吾受國厚恩不能剪除寇賊今得自死便如登仙何得退還也聲絕而卒百姓悲之

晉孟嘉字萬年司空宗之孫少有名太尉庾亮領江

州辟為陽新令褚裒時為豫章太守裒有器識亮大會府州人士嘉坐次甚遠裒問亮有孟嘉其人何在亮曰在坐卿當自覓裒歷規指嘉謂亮曰此君小異將無是乎亮欣然而笑喜裒得嘉後為征西桓溫參軍溫甚重之九月九日溫宴龍山寮宷畢集時佐吏并着戎服風吹嘉帽墜落嘉不知覺溫使左右無言規其舉止良久溫笑令還之命孫盛作文嘲嘉着嘉坐處嘉一見即笑之其文甚美嗟

嘆嘉好酣飲愈多不亂溫問嘉酒有何味而卿嗜之嘉曰公未得酒中趣耳後轉從事中郎遷長史

孟陋字少孤宗次子清操絕倫布衣蔬食以文籍自娛口不及世事或時釣弋孤興獨歸喪母毀瘠不飲酒食肉十餘年親族迭謂之曰少孤毀性無嗣更為不孝陋從吉簡文帝輔政命為參軍稱疾不出桓溫躬往造焉或謂溫曰孟陋高行學為儒宗宜引在府以和鼎味溫嘆曰非敢擬議也陋聞曰

恒公正當以我不任故耳億兆之人無官者十居其九豈皆高士哉我疾不堪供命匪敢為高也由是名益重

李充字弘度幼孤其母墓栢樹常為盜賊所斫充手刃之由是知名善楷書丞相王導辟為掾轉記室參軍常抑虛華之士著學箴稱老子曰絕仁棄義家復孝慈豈仁義絕而後孝慈生哉蓋患乎識仁義者寡而利仁義者衆也先王以道德不行故以仁

義化之行義不篤故以禮律撿之撿愈煩而偽愈廣者莊乃明無爲之益塞爭欲之門故化之以絶聖棄智鎮之以無名之樸聖教救其末老莊明其本其致一也征北將軍褚裒引爲叅軍充以家貧苦求外補後爲大著作郎于時典籍混亂充删除煩複以類從分作四部甚有條貫秘閣以爲永制累遷中書侍郎卒于官

李重字茂曾少好學有文辭少孤與羣弟居以友愛

著稱為始平王文學上疏陳九品遷太子舍人轉尚書郎後遷尚書吏部郎務抑華龍不通私謁晉心隱逸羣才畢舉拔用北海西郭湯瑯琊劉珩燕國霍原馮翊吉謀等為祕書郎以清尚見稱又上疏曰凡山林避寵之士雖違世避時出處殊軌而先王許之者嘉其服膺高誼也宜垂聖恩顯加優命時不能從出為行討虜護軍平陽太守正身率下永康初趙王倫為相國左司馬以憂逼成疾卒

家貧無以檢詔於典客署營喪追贈散騎常侍謚
曰成

南齊李珪之字孔彰爲尚書左丞時中外谷帛至賤
珪之議出上庫錢五千萬及諸州錢皆令糴買從
之後進少府

隋黃鳳麟江夏人大業中舉進士累遷侍御史比部
員外有文集十卷

唐李善字次孫江夏人有雅行淹貫今古而不能爲

辭時人謂之書簏少嘗受文選于同郡曹憲後爲左侍中進崇賢館學士轉蘭臺郎後坐事配流嶺外會赦還寓居汴鄭之間以講文選爲業年老疾卒所注文選十六卷行于時

李邕字太和善之子早負盛名特造請李嶠願一見秘書嶠薦之假直秘閣未幾辭去嶠驚問奧篇秘帙對辯如響張廷珪薦拜左拾遺會御史中丞宋璟奏張昌宗兄弟有不順之言請付法則天不應

邕在階下進曰宋璟之言事關社稷望陛下可其奏則天色稍解出或謂邕曰子名位尚卑若不稱旨禍將不測何造次也邕曰不顛不狂其名不彰後依宗拜爲殿中侍御史改戶部員外郎改陳州刺史張説爲中書令忌其才俄而以陳州贓汙事下獄罪當死許州人孔璋上書救之書上減死貶爲遵化縣尉後從中官楊思勗討賊有功陞授淄滑三州刺史上計京師邕素負才名後進不識京

洛阡陌聚观以為古人天寶初為汲郡北海二太守邕素性豪侈不拘細行李林甫惡其負才使氣因事矯殺之年七十餘初邕早擅才名雖貶職在外中朝衣冠天下寺观多賫金帛往求其文有文集七十卷其韓公行狀洪州放生池碑批韋官源謚議文士推重之後因恩例得贈秘書監

李鄘字建侯邕從孫父暄官至起居舍人鄘舉進士又以書判高等授秘書正字為李懷光所辟累遷

監察御史　及懷光叛鄘與母妻陷賊中因紿懷光以兄病卧洛且葬母欲往視懷光許之戒妻子無得從鄘皆遣行懷光怒欲加罪謝曰鄘名隸軍籍不得為母駕奈何不使歸往懷光無以罪之時與故相高郢同在賊廷乃密奏賊軍虚實及攻取之勢德宗賜手詔勞之後事泄懷光嚴兵召二人詰責鄘詞激氣壯三軍感動懷光不敢殺囚之獄中河中平懷光死馬燧就破械致礼表為河東從事

尋歸養洛中入為吏部員外郎徐州張建封卒兵亂因監軍迫建封子愔主軍務帝以鄘剛敢拜宣慰使鄘持節直抵其軍召將士傳朝旨陳禍福脱監軍使桎梏使復位兇黨不敢拒愔即上表謝罪爾兵馬留後鄘曰非詔令不宜稱號立使削去及還稱旨遷吏部郎中順宗時拜御史中丞遷京兆尹尚書右丞拜檢校禮部尚書鳳翔尹隴右節度使前此命師多用武將有神策行營之號鄘既

受命表陳其不可去神策行營兵未還鎮太原入為刑部尚書兼御史大夫諸道鹽鐵轉運五年冬出為揚州大都督府長史淮南節度使加檢校左僕射政嚴事理府庫充積及王師征淮蔡鄆寇李師道表裏相援鄘發楚壽等州二萬餘兵分壓賊境日費甚廣未常請于有司時憲宗以兵興國用不足命鹽鐵副使程异乘驛諭江淮諸道輸貨助軍鄘素富饒即藉府庫畱一歲儲餘尽納于朝

廷諸道由是悉索以獻故王師無乏先是吐突承璀監淮南軍責罷甚鄘亦以剛嚴相敬憚未常相失承璀歸引以為相十二年徵拜門下侍郎同平章事鄘不喜由宦幸進反登祖筵樂作泣下曰宰相非吾所長也行頗緩至京師下領政事竟以疾辭尋以太子少傅致仕卒謚曰肅鄘強直無私以氣自任所至稱理子柱官至浙東觀察使子栻仕歷宗正卿京兆尹河東鳳翔節度使以秘書監卒

李磎字景望大中進士累遷户部郎中分司東都嘗劾奏内使郝景全不法事景全反摘磎奏内犯順宗嫌名坐奪俸磎上言禮不諱嫌名律廟諱嫌不坐臣恐自今用格令者妄曲迴避旨縁爲姦詔免奪俸黄巢陷洛磎挾尚書印走河陽時留守劉允章爲賊脅入入就磎索印拒不與允章慚不臣賊嗣襄王之亂轉側淮南高駢受僞命磎苦諫不納入爲中書舍人翰林學士辭職歸華陰復以學

士召乾寧元年進礼部尚書同中書門下平章時宰臣薛昭緯素疾磎諷劉崇魯誣之昭宗決意用之而李茂貞等上言深詆其非於是茂貞及王行瑜韓建擁兵闕下列磎罪殺之於都亭驛有詔復官爵贈司徒謚文磎好學家有書至萬卷世號李書樓子況有俊才亦遇害贈禮部員外郎

李昌國善教子長子康侯河陽守次康年監丞善古篆與蘇軾黃廷堅游次康直左司員外郎休官

帰里自稱裕老

杜塗自稱漢陰老人居泗水上烈日笠首躬督畊墾起家拾伍年遂致富嘗 謂人曰夫恐恥入仕不因妻子衣食者兇布彼恐恥我勞力自衣食耳傾我如何

馮京字當世少儁邁不群舉進士鄉舉礼部廷試皆第一時猶未娶張堯佐方負宮掖勢欲妻以女擁至其家束以金帶曰 上意也頃 之宮中持酒殽來

直出邑具京笑不視力辭出守將作監丞通判荊
軍府事還直集賢院判吏部南曹同修起居注吳
充以論溫成皇后追冊事出知高郵京既充言是
不當黜劉沆請并斥京仁宗曰京亦何罪但解其
起居注旋復之試知制誥避婦父富弼當國嫌拜
龍圖閣待制知揚州改江寧府以翰林侍讀學士
召還糾察在京刑獄為翰林學士知開封府數月
不詣丞相府韓琦語弼以京為傲弼使往見琦京

曰公為宰相從官不妄造請乃為公重非傲也出
安撫陝西請城古渭通西羌唃氏界本征官以斷
戛入右臂出端明殿學士知太原府神宗立復為
翰林學士改御史中丞王安石為政京論其更張
失當累數千百言安石指為邪說請黜之帝以為
可用擢樞密副使進參知政事與安石論辯又薦
劉攽蘇軾掌外制安石令保甲養馬京謂必不可
行會遷入鄭俠上書言時政薦京可相呂惠卿因

是諸京與俠通罷知豪州未幾以資政殿學士知渭州茂州彝判徙知成都府蕃部何丹方寇鷄棕關聞京兵至請降議者遂欲蕩其巢窟京請禁侵掠給稼器粮食使之歸彝人喜争出犬豕割血受盟願世世為漢藩惠卿告安石罪發其私書有曰勿令齊年知謂京與安同年帝以安石為欺復召京知樞密院京以疾未至帝中夕呼左右語曰適夢馮京入朝甚慰人意乃賜京詔有渴想儀刑不

忘夢寐之語入見首以所夢告焉頃之以觀文殿學士知河陽哲宗即位拜保寧軍節度使知大明府又改彰德范祖禹言京初與王安石不合後為呂惠卿所傾中立不倚之操為先帝稱且昭陵學士獨京一人存若付樞密必允公論時京已老乃已為中太一宮使兼侍講改宣徽南院使拜太子少師致仕紹聖元年薨年七十四帝臨奠於第贈司徒謚文簡

元聶炳字韞夫江夏人元太定四年同周鏜試大別山賦登進士第初授承事郎同知平昌州事轉賢慶路推官會峒徭寇邊湖廣行省右丞禿赤統兵討之也於武岡以炳攝分省理問官時悍卒多掠民為俘炳言於禿赤釋其無驗者數千人至正十一年遷知荆門州纔半歲淮漢賊起荆門不守炳出募土兵得衆七萬復荆門之兵四川行省平章咬住復江陵既而蘄黃安陸賊復熾賊帥喻君正

合兵來攻荊門炳率孤軍晝夜血戰援絕城陷為賊所執極口罵不絕賊以刀斷其齒盡乃斷左臂而支解之

璽字廷用母陳氏卒廬墓三年有文豹馴於墓側人以為孝感所致又捐資造白洋橋輸粟賑飢有司以事聞旌表其門賜以品服今郡城中有孝里坊為璽之

明

劉仲廉洪武甲子舉人乙丑進士為人淳實有守

永樂初營建京師有功陞工部侍郎轉尚書公首應制科俻位鼎鉉功在體國望重鄉閭為邑士林冠冕偉矣

鄧真字存誠以永樂戊子解元聯捷授監察御史一疏時務十事上悉從之擢山東按察使轉布政使讞訟詳明愛民如子卒于官

王玹字公度正統己未進士由江夏徙居陝西河州衛授戶部給事中十四年英宗北行景帝監國廷

臣伏闕勑中官王振罪錦衣指揮馬順叱衆令起竑奮臂捽順髮嚙其肉百官爭捶順死直聲震天下後擢僉都御史督守居庸諸關事平巡撫淮楊兼總督漕運官軍畏服汙墨者望風解去景泰癸酉徐州泊蕭沛諸邑大飢疫民〻就死竑亟令有司發粟賑貸設糜制藥貧病賴以全活久之陞副都御史英宗復辟石亨張軏論其擊順事罷為民四年復起原職征平涼寇七年復督漕運途入閣

其至老弱扶携迎候道路以數萬計擁入行臺以次進謁踰三日未已憲宗登極言官薦陞兵部尚書時兩廣出師竝上疏多見採納薦韓雍爲都御史總督軍務雍方補外衆議不協竝力爭曰此事非雍不辦後果成功薦修撰岳正給事中張寧不聽遂移不出上命醫往視章三上乃允病痊復起不數月致仕號葵菴卒年七十五賜祭葬

王庚字仲景仕户科給事中因邊患以練達暫改御

史勅巡山西練兵守備事平陞左給事中景泰初以風力復勅鎮河南平生無過舉歷官廣東右布政使

辛浩字養正任監察御史彈劾不避權勢謫戍遼陽俗不尚文學浩至選將校子弟教之皆有成多為名士天順中復其官

徐鏞字用和成化己丑進士授行人拜監察御史巡視通州時濬夫通河鏞劾疏不可既而漕舟果不

達按閩還以實異論列獻貢賦正課程革奸弊均禄食四事臺長重之典同官共劾小人之附權臣者又極論名器之濫請汰冗官會憂請免慶成宴謫鎮原令值歲飢修預備倉掘地得窖錢十萬周人貧之及代訴亡輸累歲逋課以贍潼父老泣送之弘治初擢知淮安府轉廣東參政河南布政歷督漕副都御史

張瓚字中美弘治乙丑進士授監察御史巡撫雲南

風裁凛然名府不問遠近單車往視時鎮守太監梁裕爲劉瑾心腹遣取民間柴薪酒米松子各色銀凡數千占役軍士剥害邊民公重懲之先時鶴慶同知敖英以貪酷將論劾裕乃與英構讒誣公瑾居中逮繫公下錦衣獄不爲屈時刑部主事孫繼芳上疏力爭不報繼芳因謝病公竟死獄中至嘉靖時追贈太僕寺少卿

劉允寛字公量中景泰庚午鄉試任松州辰州通判

有惠政陞霸州知州霸號九河故地水潦頻害公為造橋大學士劉健有記又積粟四萬斛銀三千两備荒三年考滿州民請晋巡撫彭韶下霸州所行事令他邑為法在任凡十一年陞慶遠同知凡四任皆以方正稱民畏懷家居十七年不私謁府縣事有不便于民者侃然言之邑故便民倉在青山公為言巡撫湯公比粮五十里外不使移之平湖門外邑人便之邑故有長短支馬公議為六差冀

行之當道有酷刑者為女穿梭魚上灘等名公為
書功除之嘗而斥人過鄉人肅然敬憚焉

羅英字汝延授戶部主事轉員外郎中陞安慶知府
官至叅政（一統志）公守安慶時稱清白吏所較量斗
斛秤尺以銅為範安慶至今守之稱為羅斗羅尺
天旱步禱以身為犧牲天大雨郡人立生祠

年盛字汝登號禾山正德丁丑進士吉水知縣宸濠
之變明武宗議親征調度百出公獨急保障吉水

人賴以無恐擢户部主事郎中督餉易州下媚閹

監亡何以内帑盜發坐典守落職蕭然家居執父

母喪盡哀廬墓病瘵卒吉水羅洪先志其墓

韓楷字以正號夏浦正德辛丑進士初授刑科給事

轉礼科都以議大礼廷杖幾死出為揚州知府歷

江西左布政陞右副都御史巡撫雲南致仕二十

餘年未嘗浚削鄉梓至今稱德祀鄉賢

馮世雍字子和號三石正德己夘舉人嘉靖癸未進

士生而穎異博極群書工大小篆善為詩尤喜為古文辭累官吏部郎中出守饒安調徽州府有惠政雅志恬適忽棄官歸所著有三石文集呂梁志

陳文儁以武生中正統丁卯舉人膂力過人嘗五更之田間遇虎以手搏之虎死後會試塲屋火以右手據牆垣左手持同事生履扇而出活數十人火勢迫逦揖後至者曰吾力止此矣遂名動天下後選安丘知縣有流賊掠庫金去公以一騎一彈馳

赴之彈發中賊左目再彈中右耳賊大駭伏地公曰好爲吾送庫金還羣賊惟命公以一騎尾其後抵縣群賊請死公曰吾何有諸賊奴各杖三十遣之御史竟以縱盜論劾免官罷歸公有葉文英子完俱中鄉舉

康科爲人詭隨不諧俗兩試縣令以忤權貴罷官歸歸時囊篋止餘俸金八錢遂憤激裂冠毀冕鄰人亦不多見其貧如洗誦讀不輟自謂吾今世未竟

用再生或不隱落督李顏公胡公造焉襲衣出見即謝於家不復往拜其門

翟表字立之初選松江教授陞知縣御史行辟乘馬馬逸太守目公往御公提手曰焉有為令長而作御史斷養卒者乎即拂袖謝事改蘇州府教授性喜讀書能詩文才士也

呂調音字宗夔號二石中嘉靖辛卯鄉試賦性恬淡令汝陽調青浦推眉州知州所至稱廉平歸家如

寒士閉門讀書當公令汝陽時巡撫趙賢僅子齡閭父老稱公德政及撫楚歉式其廬公貧甚一無所請某王以罪廢行千金為壽公大罵揮去殁後趙公表其墓布政使劉東星表其門

彭冀衡字孟登號岑南嘉靖丁酉舉人初選長葛教諭陞中年知縣值逸政賊脅民兵御兵親與之戰殲巨魁馮錫張東山等有功陞陝西寧州知州寧俗輕悍稍忿輒自投崖死公約法民不犯尋以毋老

請致仕歸養時日報陞麗江同知失寧人思之祀
於生祠

劉餘慶字廷吉景泰癸丑解元初選同二十八人入
朝是值天順夢二十八宿入見盡授御史公授浙
江道歷官貴州副使時都匀作亂公捐俸撫綏事
平致仕刑部稱其斷無主之寃存有字之婦居鄉
雅操獨持絶迹公門子孫享清白之譽

李珍字貢甫諸生時以學行稱督學蔡公潮頒李録

云如生員李珍﨑儒雅讓恭孝友忠信尚名節重廉恥斯正人君子他日事業豈不俊偉先明何必高視濶步乃爲道宰平公中式後授四川大足宰論時張副使某獲王兇屬公作兇賦獻于朝後臺使者交薦公武功之行賄銓曹可不日就徵公曰苟而合吾恥之後竟授樂安令革坊里耗銀諸費入覲各里方長饋路銀六百餘金公却不受諸方長號泣以例爲請迺盡以屬庫吏代諸小民逋賦

典諸罪入贖賤後復調陜西紫陽縣時孝宫祀典
不脩礼文多闕公為著祭祀儀注一冊給諸生演
習邑故乏科第公為改孝宫後邑中科第不乏公
雅意山水花木吟咏不喜仕進在蜀時署其庭曰
半生受用多栽竹一日工夫盡看山生平多著述
詩擬于美字臨真卿一時詞林推許歸田後以祖
廬讓伯兄又為次四人卜宅恒閉户讀書與人交
好寬然長者

郭懋字子德家世六合人也從江夏其先咸以武顯
明與郭用郭興皆為名將用至懋父鏜凡五世未
有為儒者知為儒者則自公始公為人聰敏於斈
無所不窺然廩廩有大節其隣入画師者與公善
一日往問画師画師妻出迎公厲色拒之尋與
画師絕族人郭四以逋被繫縣庭卒遇公解之宜
饋生魚享公公且笑且卻之云其隱行類如此舉
嘉靖己酉孝廉除杞博士歷官至趙州守為治識

大體務為百姓計久遠初到杞會流徒萬餘數起歸德破考城拓城徑薄杞杞入爭門而出令懼且肘仰棄城走、公謂令曰、李何為我天子城守中道而棄之乎、因為令畫策、士庶藉以安定、兩臺異之檄代行杞事、於是下令邑中集丁壯五百餘人被甲乘城又令戶出煤炒若干由此得治蒭茭乃日張蓋鼓樂巡城宣言大軍未且至又捕獲諜數騎發其金龍衣、賊遂引卻、事聞、轉遷威遠令、遭母喪

起補舒令舒小而繫掾為政自公蒞任一切自操
無所事掾諸掾稍稍相引去意欲以此挾令公
據案咲曰何高尚之多乎吾為爾成之悉聽投檄
罷諸掾實無意去皆大恐旦日因丞簿師儒內旦
請謝公笑曰邑中固不少爾曹也竟不高尚予於
是各鞭數十而罪其首事者終公在邑不敢為奸
故事馬毋歲一徵駒世為舒患公請計馬徵銀民
便安之其後江北以為永例舒故無城而其民又

善訟因範土為埴令訟者如式人持一以當金矢至有罪者許輕重受贖、不半歲山積矣、積皮積谷亦如之半、歲城成、歲當上計值分宜當國有同鄉黃門者指公往謁徹子世蕃懲乃哀久曰焉有為人臣而內交者乎以此側足媚人僕生平恥之矣黃門默默以故治行異等卒不奉徵書而遷趙州也萬曆間以子正域貴如其官

徐

鉞字用享成化甲午舉人弘治庚戌進士天性孝

支尼鏞遘病鉞頸以身代初令浙之瑞安有德政陞户部主事補工部主事監蕪湖税以母老乞侍養正德中起礼部員外陞肇慶知府致仕

徐鈺字用厲弘治己酉舉人與兄鉞同登庚戌進士使交阯年僅弱冠交阯設宴礼烹猩以進猩在盤似人者公舉箸刺其兩眼交人悚服改南貴州道御史告歸嘉靖初起漢中知府歷四川布政

劉續字用熙弘治庚戌進士幼聰敏不覊博洽經史

卮所撰述古雅冲淡負一時物望與李獻吉友善
任吏部員外出鎮江知府所著有礼記正訓太伭
註蘆泉詩集文集

詹文光字用賓號覌山與弟文慶子乾同登正德己
卯舉人中嘉靖己丑進士授吳江知縣陞戶部主
事員外郎中廣州知府居官有清操

余蔭字庇之號筠西恩貢授普安州州判有土司尊
擅不執頭目張朝覲翼之公初至矢心振刷其獘

覲俱假饋換鄉以納賄　公麾卻不受杖覲而清其槩當道服其廉潔薦陞汝寧府同知因丁內艱未赴任被覲反噬公聞之憤鬱而卒及居官無長物止廢帶數條圖書數卷而已

侯應爵字天錫號帶山嘉靖戊午舉人威儀閒雅處事縝密初任廣東乳源知縣清浮粮二百石均徭于英德持訟于曲江詔入德之攝篆新會時建海城陞廣州府同知征勦羅旁首功加四品服色陞

羅定道僉事又擒徭魁飛龍虎等撫其衆數百人陞貴州參議以母老歸田每習地方利病楚賦徵米以食衛軍謂之府米公一再言于當道裁其半馮慕岡為兵憲教講鄉約請公為更老予世屛辛卯舉子卿年七十七卒

曹當勉字可賢號衡嵩嘉靖戊午舉人壬戌進士初授行人擢刑科給事出開封府知府陞霸州兵備副使陞江西參政生平無過舉純篤君子也

周文卿字盡之號蔡東嘉靖辛酉亞魁隆慶辛未進
士初授陝西韓城知縣丁艱憂補廣東南海縣縣多
虛粮為害公清查洲坦以無稅之坦補無田之粮
共補七百餘石士民利之又小海之中在在有涌
源多為豪強所據公不避權勢悉清之以利農城
西門外艰于涉公造橋名龍津往來者便焉至今
南海人尸祝之陞户部主事遷東管餉郎中陞陝
西兵備副使與同僚爭礼致仕為人正大慷慨負

意氣絕不為人所屈所著有詩經便意林下時絕跡公門半刺不通有同年郭青螺官左轄每以不得接談為恨年八十歲卒從祀鄉賢

江沛然字應吾號涵齋隆慶丁卯舉人辛未進士授陽山知縣丁艱補吉水知縣吉俗產女多溺之公至首禁爲活女甚衆科徵有法言人循以為例時鄒南臯先生上言江陵相謫戍都勻過里公捐半歲俸為儘江陵公雖同鄉又辛未舉主也公能不

遠嫌而行其意江陵御之雖膺薦剡者七竟摘為慕文之稍遷懷慶府推官讞獄平反稱最懷人誦德焉逾年陞南都察院經歷執法不阿大中丞海忠介公亟稱之旋升南户部郎中竟以蜚語京察浮躁降理問通判審理公遂家居陽羅之鄉二十餘年足跡不到郡城但鄉里有不便衆情疢痛即揮數千言達所司其興利除害又如此公生平嗜學所著有歐陽一老人稿若干卷藏于家

常居敬字惟一號心吾萬曆癸酉甲戌聯捷初授南昌府推官訊獄詳慎擢户科給事轉工科都給壬午科充副主考典試浙江取會稽陶望齡等一榜稱得人後督理漕河有功特授太僕卿陞浙江巡撫時倭寇披猖公自募兵平之鄉人稱為醇謹長者崇祀鄉賢

常居安字惟靜號得吾改號九華萬曆戊子舉人任四川隆昌知縣安奢兩酋爭釁時議勒欲奪隆積

儲以佐軍興公力持不可曰萬一隆旱將柰何以牘抗上官者再後廷議竟與公合而隆米旱得積儲賑濟既遷福建延平府判署寧州篆有議量革海艘省金錢萬餘者公亦力持不可曰海寇叵測無貪省事之名後海寇果大發福寧餉尚恐不足矣當事輒服公慮事詳密公居家孝友遇人謙謹有用世之才而未獲大用時論惜之崇禎中從祀鄉賢

張文光字公覲號澤腥弱冠中萬曆丙子經魁博學雄文于書無所不讀戊戌進士選庶吉士授檢討旋以楚藩事獲罪沈相國謫光山縣丞數載改陞尚寶司丞公忠不忘君每慷慨陳言述古今法戒修身講學要訣尋推光祿寺少卿乞差還里未抵舍忽疾作卒于孝感署中

董暹字長馭號蘊白萬曆庚子舉人甲辰進士 江夏以麟經登甲第者自暹始 初授宣城知縣丁艱補

建陽知縣擢吏部主事會同里有忌公者改為南吏部尋論歸公益自沖然怡情詩藝壬戌起禮部主事陞員外郎中陞廣東提學副使衡文公而且明所取前矛諸士無不命者陞山東濟寧道按察使漕運都御史李公若星疏薦公材堪大用而公卒矣

游士任字肩生號鷗父嘉魚籍居江夏萬曆庚戌進士初授浙江長興知縣擢廣西道御史每當朝廷

獻替可否侃侃而談罔不中窾當路嫉之熹廟初元魏閹禍心漸著附妖姆客氏以蠱上衷公慨然曰此亂本矣會差山東巡按監軍陞辭先一日特疏叅客氏及魏閹自是臺省交章彈客魏不中而客魏羽翼漸成既矯旨逮殺楊大洪未幾逮公下錦衣獄拷掠備至公從顛沛中若見有所謂鬼神呵護者得不死謫戍安慶崇禎改元詔釋公還冠服公亦不之辯

陳之涓字淡夫號豈蕿萬曆庚子舉人庚戌進士授晋江知縣歷官山西副使所至卓有政聲天啓丙寅請告終養魏閹柄政公念家有雙白此身未可以許國也遄拜疏歸養終依依膝下斯豈非見幾而作超然遯舉者哉

劉民悅字時可號棠栢萬曆戊午舉人己未進士公素有才名困逢掖二十餘載年五十始脫穎而去初令蜀之富順後改蕪州府教授能識拔曹奎管

王音等於諸生中陞南國博士陞南户部主事大司農服其廉正極力奬引緣公不通專援遂出為汝寧守秉操不回一如治富順郡人德之甫朞而歸遂絶意仕進所著有丈景園集憤語作喻錄行世

段然字幻然初授南平知縣調吳縣丁艱補輝縣所至有異政擢南京户科給事中歷奏多所讜言會楚宗室華越等訐奏楚王之事公上疏直華越四

明沈相忌之遂摘江西按察司知事後陞兵部員外前後居牧民官及居有坦矯之風節朝野凛之

郭正域字美命號明龍（父姓居官有惠政域登萬曆癸未進士）生而卓犖籍甚膠庠釋褐選庶常傳極羣書尤究心朝典四明沈相庶常館師也公以服闋補編修不復執弟子禮而沈以南祭酒遠之此自南還朝官禮部侍郎以謚法多濫其甚者議奪次議改而故大學士餘姚李本在議中四明山陰聞之曰吾二人在誰敢改乎公聞而曰

吾敢改若以黄光昇當謚是海瑞當毅也若以許
倫當謚則沈鍊當毅也若以李本當謚則高守礼
諸人皆當鐫其秩没其卹也舉此當疏上書中
乃今之誅死者次寒生者之心也亡運人來後沭
秦藩請恤事公文力争之巨璫魯保既竊兩淮鹺
政又請兼南浙織造請專敕兼閣内閣業與敕知
公争之閣中閣防竟得無給四明既積不能平會
楚宗藩交許公以楚王所遺金上聞疏辨語侵執

政四明亦自理剌剌不休且縱楚王許之勒公歸聽勘舟次楊村西妖書曰事起邏卒尾舟中逮公蒼頭傭書乳媼多人去公禍且不測會上心悟事始釋後奉光皇遺詔既恩舊講贈公太子少保謚文毅有合併黃離草三十卷行世

任家相字白甫號心葵萬曆戊子舉人由北京榜中夙有文譽累困公車巧選婺源教諭陞翰林院侍詔轉工部司務卒所著有雲龍閣草

熊廷弼字非伯號芝岡兒時即倜儻有大志長補邑弟子員督李熊石門拔貫多士丁酉鄉薦第一戊戌成進士初授直隸保定府司理片言折獄辨枉理冤多所平反考最行取工部主政改陞浙江道御史燕按軍政以精核兵法凡司馬孫吳六韜七畧無不熟籌而訓練召募用寡用多之妙又皆出自神機應變真有古人所不及者以力能挽五石弓每大閱總戎偏裨及鋭卒輩矢石中的輒居其

下復命再除江南孝院未幾歸里〻中有威屈于豪強奸右者力為伸雪凡一切有裨于民生社稷者無不直陳利病以故諸有司憚其正氣雖在里閈之中不減居朝右焉常見鄂城西南一帶延袤菩涉爰築堤改道種柳以蔭暑熱又于金沙洲造巨橋以濟往來而兵部尚書之命下矣公一生慷慨任節不苟然諾腹笥博洽每下筆輙娓〻數千言不刪一字居常上下古今戟髯一呼萬人輙靡

蓋其才典氣有不可以一世者矣

吴」裕中字磊石號敬菴萬曆己未進士授廣東順德知縣賢能有聲擢江西道御史巡視皇城」當是時群小嗾逆奄羅織忠讜」次輔丁紹軾內黨客魏」外恃崔呈」秀朝側目無」敢出一言」公午夜焚香告天請以死繼伸紙具疏稿未數行風旋滅燭者三」須刻稿就其略云次輔丁紹軾本一奸邪巧令之小人矣口經濟臣初愁爲心折以爲或出忠愛近被

巨同官趙映昌有言乃輙具疏求去巧佞如簧之波陰結倚叢之局面其人之中藏已逼露矣紹軾咬定題目重複發揮只謂縁馬世龍而去可謝天下可報皇上夫世龍一操戈環甲之武臣耳世龍之去晋何足以謝天下何足以報皇上當今内有客魏之交通外有崔田之横暴人情惊于蜩螗國勢危若累卵如此重大題目紹軾絕口不肯言不敢言撥席文章僅借輕描淡寫之世龍以塞責真

有不可解者次輔誤國欺君莫此為甚奏上閣票
擬已有旨了姑不究丁輔嗾崔魏矯旨削奪廷杖
一百血如注両戍糜骨節碎折猶聞誦天子聖明
不絶口未幾氣絶戊辰追卹死諫諸臣贈太僕寺
卿蔭一子入監讀書賜祭塟

賀逢聖字克由號對揚弱冠補黌每試輒冠軍性至
孝自諸生時家貧筆耕色養曲致督李豫章熊石
門深加器重科試首之落第石門召之握手寬慰

且欲假一公事充其膏火力辭之石門出笥金為贈既捧金出父陽亨公詰金所由来公述其故楊亨笑曰真吾兒矣越六年癸卯舉于鄉三上礼闈不第以貧不能養乞授應城教諭是時陽亨公春秋高公僅携一僕自随而晋夫人危氏代爲奉養公司鐸七年不苟嚬笑爲文屬藁不潦草一字丙辰成進士第二人傳臚除編修歷官司經局洗馬尋以省親歸明年至京分試遴士十八人多知名

士熹宗時魏璫柄政坐公門户公閫命部策蹇出都門不諭月而矯旨削奪之命下旁觀若咸為公憂禍且不測而公秪寢食兩尊公側晨夕依々惟命是聽補公南雍尋進少詹協理府事明年丁外艱哀毀骨立喪葬一秉古礼廬墓三年服闋晉詹事府教習館員禮部尚書丙子春以原官兼東閣大斈士入閣辦事歷階少傅是時烏珹虞山攘臂爭援立功公獨靜不為惑每與入日諸君即不畏

名節於国體何後以疾陞乱竪疏始允明年遣行人至楚存問賜忠靖冠及方履褒寵有加公褆躬淑慎雅鎮朝端陰扶善類相業中不多見者崇禎癸未獻賊既破蘄黄旋竄武昌士民泣涕去住莫從會撫臣王揚基擁兵自衛鼓吹渡江去人心憤恨而公卒不能強之渡江協力守禦楚城勢愈单弱賊一登陴而城陷矣時五月二十九日事也城陷公朝服北面再拜死于滋陽橋八月賊退亹示

老僕乃得其死所見之日面貌如生萬目共覩白
於代巡具題後謚文忠

李應選字進卿號融峯天啟乙丑以麟經魁天下初
授閬中知縣歷陞陜西布政使推本省巡撫以疾
辭卒于官公生平不苟嚬笑罵行君子也治績所
在有聲詳陜誌

劉敷仁字濟甫號月幢築居城南負郭早歲失怙甫
就外傅太夫人爲陳說先賢大義與景陵譚子友

憂讀書山寺以名行相砥礪每試輒冠軍所交皆吳楚名士户外屨滿凌給諫茗柯林太史可任悉屏騶從戒徒隸曰劉老生門無襍賓勿以僕御混高士之廬也公以國斈崇禎壬午舉京闈礼經第一甲申南歸築室餘荷塘晚而斈易應鄉賓二次著有添斈草悟山草等集

程鐸字仲聲號木公天啟辛酉舉於鄉戊辰進士除廣東惠州府司理為政多所平反會九連山賊程

萬等乱起，諸生廖理中為萬所獲，萬素憚服公，乃得因理中以請。公単車抵賊巢，諭以大義，旋即帰命，以贖死。其党鍾林秀猶負固罔悛，公即率程萬等衆往殲之，九連山悉平。凱旋疾作，取筆書英雄氣盡四字而卒。民罷市，襯出，男婦皆素服，哭聲載道，擁襯不能行。時祠祀之。公孝友天植，廉介性成，且書法絶倫，今購之不易得。

詹謹之，字仲庸，號芝城，累世以儒術顯，性端方，有遠

量不屑苟率為學根極理要原本六經尤篤于孝
友弱冠舉鄉校第一斗室匡牀名曰盎著錢塘郭
屺瞻先生一見輙有唐應得之賞而同時金正希
譚友夏魏雲菴諸公無不競以前席相推也洎舉
于鄉先生固已為知名士又屢上春官不第乃益
究心理學紹明前緒武黃名宿爭出先生之門任
山東濟南司李以誠敬行之甫下車悉釐夙弊
以故四五年間所全活者動以千計迄今三尺童

叟咸頌賡仁不衰云

吴元伯字開吴生而孝友六歲喪父南冶公母袁撫育孤苦就外傳即能勤習不倦母卒哀毁成礼銳志潛修腹笥博洽受業者遠近雲集癸酉舉于鄉不干謁當事庚辰不第懷宗特恩八月重試賜進士授祠部司務遷銓部歷樞部武選員外郎陞山東沂州叅議塗次遭甲申之變公即掛冠還里卧病不出年五十八卒以子東升貴贈文林郎

孝義

晉孟宗字恭武一字子恭性至孝母年老病篤屆冬思笋時地凍無笋宗入竹林哀泣有頃地上出笋數莖持歸作羹供母食畢病愈仕吳為望江雷地監魚官每得時物以寄母不敢先食自能結網取魚作鮓寄母母還之曰汝為魚官以鮓寄我非避嫌也後仕至司空

明潘廷桂號貞菴為郡諸生幼而孝母得菓餌即以奉親九歲時母病親侍湯藥籲天請代母愈遂終

身不茹葷成化二年以明經授江西南昌府經歷父隨任卒于署桂奉柩歸猝遇颶風于鄱陽舟尽覆桂度不免以繩繫棺于身誓死相随忽風送至一洲得免歸葬廬塞三年太守秦夔請詳提學薛綱旌其閭曰純孝格天

馮天禄

天禄爲馮炳養子事父孝父病禄閉户入言割股愈疾然鄉人曰不然孝所感耳天禄即焚香告天割胸骨尽出飼之病稍愈後三年父遺屎溺床

從日好

簀手為捧拾之無难色後遇道士授一方曰持此
可療惡疾天祿故不識字為人療疾輙愈天祿典藥
不問貧富嘗曰醫在方寸間即刀圭有神明耳一
日持藥囊入城早起城門未啟枕囊而卧門啟其
人誤持藥囊去天祿得所遺囊則金也候之三日
不至偶之藩司前聞人失官錢而被誣天祿懼然
曰得金者我也即入見封識宛然藩司賞之十金
不受今鄉人多稱馮孝子

郭儀母李氏生儀未兩月而卒父再聘李氏未娶以
儀從此後李及期抱儀未嫁楚入相傳李孝恭子
而後嫁云李後生六子愛儀倍己子儀奉後母以
孝聞儀生平豪俠晨起捕魚拾遺金一釜于湖中
以足掩坎仰天頓首曰天乎如為儀財勿以不義
至當從生理中得之歸家絕口不以告妻子平居
持一木挺里巷人有鬪輒扶其不義者人敬畏之
朱恩揚鍠楚府引礼生嘉靖二十四年正月十八日

楚世子英燿張燈、于酒間殺父愍王、先設酒菓閑息鍠別館、二人聞變、奪門出告變、時府中羣僚、已将暴薨訃、聞諸司矣、二人以曳燈長絕繫腰、越內城、縋高覌山下、息足折、鍠扶息奔告巡撫、時英燿遍索二人、不可得、巡撫某既得暴薨訃、推其事、時提斈副使力生其事、巡按伊敏生以狀聞、英燿檻至京師、斬首焚其屍、按息鍠奔出告變時、倉皇逼宮門、叩銅鑼、大言曰、宮中人世子弒国主、好為藏

少子、後女臣藏少子英於溝中、竟免于難、顛沛謀

之深遠、忠臣若心哉、

蕭廷滿金口人父早逝母周氏病革籲天割股療母

母愈尋再病其兄亦假割股市脯以進無驗母死

葬廷滿絕不茹葷顏縣令造其廬賜之粟不受旌

日慶孝

熊兆珪縣學生員兵部尚書經畧熊公廷弼長子少

有文名貌魁偉父性剛急不能下人珪每幾諫父

叱之曰監子何知珪退而流涕天啟中父既以封疆故下獄珪走京師理其薪水繫獄三年既被殺傳首九邊魏閹使人大索珪珪莫得拾父骸骨步馳至里兩足俱穿對母大哭失声與姊胡共哭未幾姊胡死珪曰我男兒也其俟諸未獲死所居無何魏閹用御史梁夢環疏懸賍十七萬牒告楚饋巡下廷鞫諸子獄是日珪就逮曰吾父即戇激奚所得賍私十七萬為即將田園器用圖書刀劍録

報都御史臺閱三月御史劉巖疏再上覆贓二百萬珪曰吾惟一死以報先居耳會縣有狡吏諶恩寵者諷之曰若無憂吾能為若出于獄計畫諸贓珪佯許之以其弟代獄出遂遍辭親友又往拜祖墓并葬諸母也而縣官不覺趨歸獄比贓甚急曰吾豈能毒派諸富氏有向若議法耳珪退閉獄户書字兩紙手授其仆汝仕曰一以報吾母一以示縣官吾殆得死所矣遂引刀自裁啟户視之刀猶

在手尸不仆而血盈户矣蓋丁卯正月十八日也珪既死珪母率婢侍聚而罵縣官屍三日始出獄面如生鄙人士莫不悲之傳播當路稍有回心以故部疏亦稍緩閱數月縣官會計其所鬻金僅得二萬崇禎改元乃獲免

楊于崑字五美號恬菴隨父泮所公遷居江夏補弟子員旋投筆登武科庚辰授守戎晋參將數授方畧以奇勝以功封公恠遠將軍恬菴以孝行聞如

泮所公鄂州以孝行聞亦如恬菴公率割股啖親
病蓋三世紀異云

潛德

漢馬廖字文起沙羨人（江夏漢名沙羨）父為北地太守永初四年坐羌事下獄扶感父以法喪身憚為吏嘆曰老子有言名與身孰親吾豈為名乎遂絕志世外教授鄉里數百人尤明天文風角之術官辟召不往當時因號北郭先生年八十終於家

宋胡叔江夏人居家蒿室草徑唯酒自適嘗謂人曰我此生活似勝焦光不治生產飢貧不以為恥恭

子曰螟蛉以自隨恒秉一捋斗布囊容三四升飲噉醉飽便盛餘肉以付螟蛉志

明吳徹字文通雅善吟咏家貧落迫好奇節元末天下乱為陳友諒所得置諸親密呼為先生歲壬寅友諒進攻豫章遣徹徵行覘探為明太祖所獲親釋其縛問曰聞汝能詩為我賦天閑百馬圖徹應声曰問渠何日渡江來百騎如雲畫鼓催九十九中皆汗血當頭一個是龍媒太祖擊節不忍殺

度其不為我用欲以戲友諒乃刺詭譎秀才四字於徹面遣還友諒惡之曰安有如此形容而可為我先生者乎徹遂掉小舟遁去後友諒敗死次子陳理奔還武昌負城久不下太祖怒將屠城忽有稱詭譎秀才求見者召入問曰汝安得尚在此良久復命題西山夜雨詩徹復應声曰莫厭西山夜雨多也應添起洞庭波東風肯與周郎便直上金陵奏凱歌太祖會其意遂下令班軍還建康後屢

下詔物色之徹竟辞不出曰吾面目可憎矣里中
人多以范增目之
燕遺民字逸德號空谷老人累以賢良徵不赴翛然
獨往深山絕壁或臨水濱嘯歌終日常作感興詩
六寥落湖山曲憑誰諾起居出門唯山水相見但
樵漁酒熟還堪漉葵荒欲自鋤久深泉石想早晚
賦歸歟又云泉谷煙火靜休塘暑氣清幽花籬落
見好鳥竹間鳴禾黍皆豐稔桑麻自長成還聞笋

屋裏燈犬讀書声

李德智號太痴生平薄名利好黄老養生之術一日晨起坐門前見丐者倚門而目遊之李老曰汝丐也而覔視焉毋以丐而盜乎曰其非丐亦非盜也銅鼓衛人本衛以賫房料銀六十餘金納之都司緣遇黑舟渡舟覆文移溺水中欲帰而請之其以孤身挟重貲泛洞庭恐不免聞公原德願以相累俟返而復來取納焉以四十日爲期其人去死于

路遇所知陳大通大道婦告喪匕婦衛勘官錢無有逮其家人則意前所知婦告喪者匿官錢丈致其罪當死李老父不得其人至恐事有变遂封前銀詣都司納爲都司為丈往勘之則其告喪者尚在獄中縣令大驚曰楚有大賢人若此乎召因來焚香籲天曰我拜前尔拜後此非常人也陳氏二人遂獲免李老生平服清齋不茹葷嘗以五灵神符治百病壽八十九終

賀時泰字陽亨父廷秀世居里之南門公少為郡諸生不苟言行不妄交遊惟與同里郭宗伯大冶尹惠州交善諸公次第貴顯而公獨淹晋益力貧課子教授生徒著有思聰録斈者稱為陽亨先生歲除室中粮絶公禁不以告人夫人曰尚有一鷄可以易米否乃持鷄易米豆共五升以其三日食公感賦云清苦丈夫志風霜善自持陽和非不愛義命貴安之後文忠公書作堂聯云當年鷄豆未忘

念此日見孫莫妄思 公生平無一不可對人之事
真大賢也
胡富字近山世居東関為人恬淡寡營與人無競有
抱病無医者公嘗製藥餌以濟之間有發而不能
殮者又經營其棺槥曾於隨州店次拾遺金二十
餘兩持還原主其人痛泣感激割金以謝公弗受
其生平之隱德懿行大率類此卒年八十有四子
從化為郡名諸生食廩餼遵其家訓敬慎誠慤舉

止端雅更篤志於聖賢之斈適鄉飲酒礼夂曠康熙癸丑後舉衆推化為賓孫鳴皐登庚戌科聯捷進士里人稱其祖德發祥之報為不爽云

明

賡字作聖邑諸生力斈并負名節自勵癸未獻逆陷城賡閉門即題神主曰明善節明生之位率妻子凡七人赴井而死里人哀之

列女

宋○張氏江夏民婦里中悪少謝師乞過其家持刃逼欲汙之張大罵曰庸奴可死不可辱也師乞一刀斷喉未即死猶能擒師乞告隣人遂死嘉祐中封旌德縣君表其墓曰烈女令鄂縣歲時致奠宋知州羅頤有記

元左氏王允茂妻江夏尉延慶孫女元季兵起茂羈郴永未歸氏備嘗艱苦茂亙同奔寓閩泰寧茂卒

子愷方九歲卹武衛官款娶之氏抱子呼天矢死靡他還塋躬紡絍教子歷官宫僚

石氏周憲章妻至正中從父禄仕於公安夫卒織絍撫孤四十年飢寒不易以壽終

明張氏孟福妻年少福亡守節無二洪武中旌洪治中市火延燒旌坊猶存

馮氏梅福妻年二十福歿于兵氏力貧孝養舅姑守節至老洪武中旌

陳氏曾養吾妻養吾殁于兵陳守節誓不再醮洪武中旌

張氏陳得顯妻年二十七顯卒子幼勤儉治家養姑六十年宣德中旌

朱氏郭英妻武昌衛人年二十五英卒守節終老成化中旌

楊氏丘達妻達為書生夭死氏年十九誓不他適勤苦女紅三十五年成化中旌

康氏陳玉妻玉亡氏年甚少撫幼子于襁褓力貧守
節寿八十五成化中旌
吴氏劉思忠妻年二十三守節白首無間言成化中
旌
蘇氏武昌所千户陳志妻年十八帰志数月志奉調
征洪江歿陣亡氏遺腹生子政世其官成化中旌
陳氏胡鎮妻鎮任千户卒陳年十九無子守志以老
弘治中旌

郭氏陳鎰妻鎰為諸生死時郭年二十六正德中旌

甯氏吴傑妻年二十傑死氏慟號欲自縊親族慰之曰夫死子幼不愛其身將孰愛其子乎乃不死或曲諭百端欲移其志甯剪髮自矢死靡他撫幼子成立守節五十餘年壽八十二正德中旌

馮氏危景福妻年二十五歲景福卒氏撫孤鳳翔未幾鳳翔夫婦亦卒馮貧窘無依孫昂甫二歲氏又撫之孀居六十餘年壽九十一萬曆三年旌

杜氏詹文憲妻夫死守節三十餘年事姑以孝聞

歐陽氏名金貞知縣歐陽梧末女中從幼授孝經列女傳史畧即解其義許聘羅欽仰父梧之官拓城攜欽從爲後梧丁艱歸舟次儀真欽仰墜水死金貞年甫十四未字驚逝即欲赴水死父母持未決目仰渫水面貞慟哭欲自縊父母曰汝未字何得棄生貞曰女自分無活理即如父母言願終身稱未亡人大声哀號及殮金自剪髮繫右臂以殉抵

家産畢貞吾父母曰入家有婦本以事姑〻既失子可全併失媍聊顧歸羅以畢所事父母從之時有來姻者父穡作詩貽之曰生來頗有家是去身無主可憐重可憐揮筆淚如雨貞得詩天哭誓不易志後父擕補官淳安陞廣元令而羅夫之姑病辛貞乃歸亭文有諷之他適者曰汝今更何望貞曰我昔發羅郎時貞束髮纏其手誰能掘冢開棺取髮還我則易志矣遂止生平獨坐卧一樓年

六十餘，督學顏公鯨聞而奇之，檄曰：「金貞石心，霜月同懸，節孝鬼神可泣。」其申撫院後，巡撫汪道昆奏聞旌表。

劉氏，張隆妻，正德中流賊入境，劉匿草澤間，賊搜出欲擄以行，劉以衣結其體，蹲坐于地，賊不能污，因殺之，蹲坐如生。

郜氏，徐廣妻。廣客東吳溺死，父母憐其少而貧，欲奪其志，郜誓不改。年六十二。

曹氏邑庠生伍境妻境早卒遺三子尚幼曹紡績撫
教守節五十年寿八十餘萬曆中巡按史翀題請
旌表

向氏江夏民李瑀妻夫故氏年二十九遺子一歲強
族客肆吞噬向告天哀毀築舍墓傍嘗有白燕巢
門紫芝呈瑞紳衿公呈府縣郡守王公申報督李
張公撫臺孫公具題旌表

徐氏劉滋妻婚甫三載滋應陝西侯中丞幕卒於中

州旅會徐年甫廿一遺孤遇文將三齡聞訃即欲自經翁與姑对泣曰即不為二老計獨不為孤計乎徐截髮忍死勉事姑舅撫孤成立姑舅繼卒子亦随殞茹苦四十九年逆闖陷城徐被執罵賊而死

國朝順治十六年督撫奏聞賜坊旌表

國朝長山烈婦未知籍貫順治乙酉闖逆南竄驅脅襄士民以從婦與夫俱被护至壽昌一帶得脱夫

病于長山䟫身餘一珥夫逝婦即以珥泣倩人抉穴一時群少僧卒陰喜婦之包艾而無依也爲穿穴七成强以相偕婦紿曰穴且深俟我下視之甫下即以手挽夫屍痛哭觸顙流血抔土自掩曰乞並埋我衆挽之不起會天晚暴雨哭至衆皆委去平明往視則見血流滿面而婦死矣里人併奠列塚遂號爲長山烈婦云

僊釋

唐羅公遠世居江夏伭宗好仙術開元中秋直公遠道為月宫之遊以斈隱形術不盡其傳怒欲斬之遁去後數歲伭宗使輔仙玉使蜀見公遠于黑水道中曳杖徐行仙玉策馬追不能及仙玉呼曰大師雲水適意豈不念內殿相識耶公遠還顧典玉據石而坐因出書一緘並蜀當歸以寄及伭宗西幸始悟其寄意云

劉本德好古多蓺能商于江湖乾符中大飢德出米數萬斛賑之後有鹿裘道人來訪把臂入深澗忽一老人邀入山院曰此洞天也以汝行善故得至此語畢不見後竟仙去

朱翁鄂州道老精縮地法築室穿地環布藥蔬手植松柏即成十圍與州將陳士明隣士明幼而勇好鬬鷄每狎褻于翁々曰尔孺子無賴吾試與汝戲士明之易相去二三百步翁以酒飲之使歸取鷄

来闤自辰至酉不達家度其行步逾五十里乃顧視不越百步士明號泣拜翁求恕翁笑曰孺子更悔我乎乃釋之翁後杖屨湫遊不知所之

明

勝李號無念勝姓陳氏麻山孟畈村人父名必貴九歲礼宝林寺無極為師初不識字往条荊州無聞和尚開示萬法歸一一歸何處公案師日夜提參一月豁然有悟偈云數載東山昏霧濛凭欄終日待晴空夜来忽覩霜大月萬象全彰一鏡中明

洪武楚昭王迎至洪山尋遷九峯奏聞召見賜以詩及襍綵衲衣金鉢盂凈瓶各一又賜光祿果餅遣中官道還山又遣中官賚銅寶松花御製詩文二軸畧曰身外無身戒外無戒在處有佛又何指方尋佛本性即佛〻外更何有佛〻外更尋他佛又何佛之有哉賜歸武昌詩二首懷僧無念詩一首見御製文集中永樂初示寂年八十塔在九峯

京師圖書館藏書記

江夏縣志四卷目錄

京師圖書館藏書記

江夏縣志

田賦

明舊志成化八年

田地七千六百三十九頃九十二畝三

稅粮．三萬六千六百八石五斗有奇

南京農桑絹一百五千四疋二丈八尺有奇銀壹百捌兩肆錢

秋粮米壹萬貳千肆百肆拾玖石肆斗有奇銀玖千

伍百壹拾兩貳錢有奇

國朝賦役全書

原額田伍千捌頃捌拾壹畝伍分

上中下三則田肆千壹百捌拾捌頃伍拾陸畝壹分貳釐陸毫三則均派

每畝科秋粮米陸升肆勺該徵米貳萬伍千叁百叁拾壹石玖斗叁升伍合玖勺每米壹石併新加今前編條派徵銀柒錢壹分肆釐柒毫

共該徵銀壹萬捌千壹百肆兩柒錢柒分肆釐柒毫叁絲

每畝科夏稅大麥壹勺該大麥肆拾柒石捌斗肆升玖合捌勺每石折銀秋粮內帶派

每畝科夏稅小麥叁合肆勺該小麥壹千肆百叁拾捌石肆斗玖升壹合每畝折銀秋粮內帶派

山鄉田貳百貳拾陸頃壹拾玖畝陸分伍釐叁毫

每畝科秋粮米叁升伍合壹勺該米柒百玖拾肆石

玖斗玖合每石徵銀照前則例該銀伍百陸拾柒兩伍錢肆分肆厘柒毫貳絲

每畝科大麥陸抄陸撮該大麥壹石伍斗每麥折銀秋糧内帶派

每畝科小麥壹合該小麥肆拾伍石玖斗肆合每麥折銀秋糧内帶派

水鄉田伍百玖拾肆頃伍畝柒分貳厘壹毫

每畝科秋糧米壹升柒合共該米壹千肆拾貳石柒

斗陸升陸合叁勺

每畝科大麥叁抄共該大麥壹石玖斗陸升玖合陸勺

每畝科小麥玖勺共該小麥伍拾玖石貳斗壹升伍合壹勺（全撥歸更名地）

叁則地叁千叁拾貳頃玖畝肆分陸釐肆毫

每畝科秋粮米壹升捌合伍勺共該米伍千陸百叁拾肆石陸斗壹升陸合（內除撥歸更名米玖百伍拾陸石伍斗壹升肆合）

實存米肆千陸百柒拾捌石壹斗壹合（每石徵銀照前則例）

共該銀叁千叁百肆拾叁兩肆錢肆分捌厘叁毫

陸絲

每畝科大麥叁勺共該大麥壹拾石陸斗肆升肆合

貳勺（內撥歸更名麥壹石捌斗陸合柒勺）實存麥捌石捌斗叁升

陸合肆勺（每麥折銀秋糧帶派）

每畝科小麥壹合共該小麥叁百壹拾玖石玖斗肆

升柒合貳勺（內撥歸更名麥伍拾貳石肆斗貳升捌合玖勺）實麥貳百

陸拾柒石伍斗壹升捌合貳勺每麥折銀秋粮內帶派

塘伍百伍拾貳頃壹拾捌畝肆分柒厘

每畝科秋粮米叁升貳合壹勺該米壹千柒百柒拾

陸石壹斗捌升柒合壹勺每石徵銀照前則例共該銀壹千

貳百陸拾玖兩肆錢伍分叁釐柒毫貳絲捌忽

每畝科大麥陸抄共大麥叁石叁斗伍升伍合每麥折銀

秋粮內帶派

每畝科小麥壹合捌勺共小麥壹百石捌斗陸升叁

合伍勺每麥折銀秋糧帶派

以上共科秋糧米叁萬肆千伍百柒拾玖石陸斗肆合柒勺內貳斗以上起科官米共伍千陸百陸拾肆石壹斗玖升伍合柒勺又長城包砌無徵民田米叁拾玖石柒斗壹升柒合壹勺以上科官米貳石壹拾石捌斗捌升肆合玖勺壹斗以下起科官民米貳萬捌千陸百陸拾肆石捌斗柒升

肆頃共米叁萬肆千伍百柒拾玖石陸斗肆合柒勺內撥出水鄉田米壹千玖百玖拾玖石貳斗捌升壹合貳勺向係臨湖佃戶辦納租粿原入吏名地徵收今歸本縣催輸

實徵秋粮米叁萬貳千伍百捌拾石叁斗貳升叁合
肆勺不分官民一体編差
共科夏稅大麥陸拾伍石叁斗壹升柒合陸勺小麥
抵米壹千玖百陸拾叁石陸斗壹升玖勺貳麥共貳千貳拾捌石玖斗貳升捌合伍勺內原撥出水鄉田地貳麥壹石壹拾伍石肆斗貳升肆勺併入秋粮米帶派
實麥壹千玖百壹拾叁石伍斗捌合貳麥折銀秋粮內帶派
山伍千壹百伍拾捌頃貳拾玖畝叁分貳厘

每畝科夏稅絲陸分陸厘柒毫共該絲貳千壹百捌拾貳觔伍兩貳錢玖分叁厘肆毫叁絲每兩絲併新加絹價派銀柒分貳厘肆毫玖絲共該銀貳千伍百叁拾壹兩伍錢叁厘柒毫陸絲

每畝科桑絲陸厘共桑絲壹百玖拾叁觔壹拾壹兩叁錢貳分陸厘陸毫陸絲每兩該銀叁分伍厘共銀壹百捌兩肆錢柒分陸厘陸毫壹絲

○

以上田地塘山共壹萬叁千柒百伍拾壹頃叁拾捌

畝柒分伍厘肆毫

共科秋糧米叁萬肆千伍百柒拾玖石陸斗肆合柒勺内除原撥出水鄉田米共壹千玖百玖拾玖石貳斗捌升壹合貳勺係臨湖佃戶辦納粗稞另徵起解

實載秋糧米叁萬貳千伍百捌拾石叁斗貳升叁合肆勺每石每年除優免外科則不等照額徵併新加每石該銀柒錢壹分肆厘柒毫

共徵銀貳萬叁千貳百捌拾伍兩貳錢貳分壹厘伍毫伍絲

夏税絲貳千壹百捌拾貳觔伍兩貳錢玖分叁重叁毫叁絲每兩額徵并新加餉銀柒分貳重肆毫玖絲共徵銀貳千伍百叁拾壹兩伍錢叁重柒毫陸絲

桑絲壹百玖拾叁觔壹拾壹兩叁錢貳分陸重陸毫陸絲每兩該銀叁分伍重共徵銀壹百捌兩肆錢柒分陸重陸毫壹絲

以上田地山塘米麥絲入丁共額銀叁萬陸百貳拾陸兩捌錢伍分叁重捌絲

外派本色兌軍正米柒千叁百陸拾柒石貳斗內除折色米叁千柒拾捌石伍斗貳升實徵永坐本色正米肆千貳百捌拾捌石陸斗捌升每石耗米肆斗該耗米壹千柒百壹拾伍石肆斗柒升貳合

萬曆肆拾陸柒捌三年加增地畝玖厘餉銀共玖千伍百陸兩玖錢玖分柒厘

户部項下

夏稅折色起運

解南農桑捐壹百伍拾肆疋貳丈捌尺玖寸玖分每疋正銀伍錢伍分捐銀壹錢伍分共銀壹百捌兩肆錢柒分陸厘陸毫壹絲

秋糧折色起運

京庫米伍千柒百捌拾陸石肆斗貳升柒合貳勺每石折銀貳錢伍分該銀壹千肆百肆拾陸兩伍錢捌分壹厘捌毫壹絲每兩價銀叁分滴珠銀壹分共京項滴珠銀伍拾柒兩捌錢陸分肆厘貳毫柒絲

兌軍折色米叁千柒拾捌石伍斗貳升每石連耗折銀柒錢

共銀貳千壹百伍拾肆兩玖錢陸分肆釐每百兩京攅銀壹兩貳錢共銀貳拾伍兩捌錢伍分玖釐伍毫陸絲

塩鈔折色起運

觧南戶口鈔正攅共銀壹百伍拾伍兩肆錢貳毫陸

絲帶閏銀伍兩壹錢捌分

夏秋本色起運

北京黃絹壹千柒百肆拾伍疋貳丈伍尺玖寸肆分

每疋銀柒錢織費銀貳錢掯銀貳錢共銀壹千玖百貳拾兩肆錢伍分壹釐壹毫肆絲

新加絹價陸百壹拾壹兩伍分貳釐陸毫貳絲

一摘裁

呆祿折色併租銀共陸千柒百伍拾叁兩貳錢捌分壹釐壹毫伍絲內除九湖水鄉銀入湖洲襍稞款項下外實秋粮派銀叁千肆百肆拾肆兩陸錢捌毫伍絲又租餉原議加掯銀伍拾叁兩伍錢肆分肆釐肆毫

官役俸薪叁拾陸兩帶閏銀壹兩貳錢

民校銀壹百貳拾陸兩

賦役旧編兄款裁剩銀捌百玖拾肆兩貳錢壹分玖

毫貳絲

地畝玖厘遼餉銀玖千伍百陸兩玖錢玖分柒厘

禮部項下

秋粮折色起運

北京藥味正價銀壹拾陸兩肆錢伍分陸厘捌毫柒

絲（每兩議京損銀肆分）該銀陸錢伍分捌厘貳毫柒絲

解南藥味價銀壹兩陸錢肆厘捌毫壹絲（原無損解）

兵部項下

秋粮折色起運

江濟水夫貳百伍拾柒名（每名銀肆兩玖分伍厘）共銀壹千伍

拾貳兩肆錢壹分伍厘（每兩議京損銀壹分叁厘）共銀壹拾叁

兩陸錢捌分壹厘叁毫玖絲

工部項下

秋粮折色起運

緞疋正銀壹百捌拾柒兩損銀貳拾捌兩遇閏加正損銀肆拾陸兩貳錢每兩議京損銀玖釐該銀壹兩玖錢叁分伍釐每年止帶徵閏銀壹拾捌兩肆錢捌分

亏觔弦條正價銀肆百貳兩壹錢肆分捌釐伍毫京損銀壹拾陸兩捌分伍釐玖毫肆絲

新加亏觔弦條正銀壹千柒百捌拾肆兩陸錢柒分玖釐柒毫京損銀壹拾陸兩陸分貳釐壹毫貳絲

天鵝正銀貳兩伍錢每兩加京損銀玖重該銀貳分貳重伍毫

狐狸皮正銀壹兩肆錢捌分陸重陸毫貳絲每兩京損銀玖重該銀壹分叁重叁毫捌絲

夏秋本色起運

白硝麂皮叁百肆拾柒張每張價銀肆錢京損銀貳錢共銀貳百捌兩貳錢加遇折色之年每兩另派京損銀玖重該銀壹兩捌錢柒分叁重捌毫

胖衣褲鞋貳百柒拾柒副每副正銀壹兩貳錢水脚銀叁錢共銀肆

百壹拾伍两伍錢

綾紗紙價原未派

隨漕項下

撈木松板銀壹拾柒两壹錢伍分肆釐柒毫貳絲

運粮官軍行月貳粮米壹千玖百肆拾伍石叁斗每石折銀肆錢該銀柒百柒拾捌两壹錢貳分

三六耗蓆輕賚銀柒百玖拾叁两肆錢伍釐捌毫每两解淮揁銀壹分該銀柒两玖錢叁分肆釐伍絲

存畱經制欵項

總督

俸銀壹百伍拾貳兩壹錢柒分陸釐 康熙柒年全裁

薪銀壹百肆拾肆兩 順治拾肆年裁銀壹百肆拾壹兩壹錢柒分陸釐康熙柒年裁銀貳兩捌錢貳分肆釐

蔬菜燭炭等銀壹百捌拾兩 順治拾肆年全裁

心紅紙張銀貳百捌拾捌兩 康熙柒年全裁

操賞銀壹百兩 康熙柒年全裁

撫院

俸銀捌拾肆兩柒錢

薪銀壹百貳拾兩（順治拾肆年裁銀柒拾肆兩柒錢）存銀肆拾伍兩叁錢

蔬菜燭炭銀壹百肆拾肆兩（順治拾肆年全裁）

操賞銀柒百兩（康熙貳年全裁）

布政司左堂

俸銀壹百貳拾兩伍錢捌厘

新銀壹百肆拾肆兩　順治拾肆年裁銀壹百玖兩伍錢捌釐　存銀叁拾肆兩肆錢玖分貳釐

蔬菜銀捌拾兩　順治拾肆年全裁

右堂

俸銀壹百貳拾兩伍錢捌釐

新銀壹百肆拾肆兩　順治拾肆年裁銀壹百玖兩伍錢捌釐　存銀叁拾肆兩肆錢玖分貳釐

蔬菜銀肆拾兩　順治拾肆年全裁

按察司

俸銀捌拾捌兩捌錢肆分

薪銀壹百貳拾兩 順治拾肆年裁銀柒拾捌兩捌錢肆分 存銀肆拾壹兩壹錢陸分

蔬菜銀捌拾兩 順治拾肆年全裁

守道

俸銀陸拾陸兩玖錢壹分陸釐

薪銀壹百貳拾兩 順治拾肆年裁銀伍拾陸兩玖錢壹分陸釐 存銀陸

拾叁两捌分肆釐

粮道

俸银陆拾陆两玖钱壹分陆釐

薪银壹百贰拾两（顺治拾肆年裁银伍拾陆两玖钱壹分陆釐）存银陆拾叁两捌分肆釐

南昌道

俸银陆拾贰两肆分肆釐（康熙元年全裁）

薪银柒拾贰两（顺治拾肆年裁银贰拾玖两肆分肆釐康熙元年裁银肆拾贰两玖

錢伍分陸釐

布政司經歷司

馬夫壹名工食銀柒兩貳錢順治拾肆年裁銀壹兩貳錢存銀

陸兩

本府知府

轎傘扇夫柒名工食銀伍拾兩肆錢順治九年裁銀捌兩肆錢

存銀肆拾貳兩

燈夫肆名工食銀貳拾捌兩捌錢順治九年裁銀肆兩捌錢存

銀貳拾肆兩

庫書壹名工食銀壹拾貳兩順治九年裁銀陸兩康熙元年裁銀陸兩

倉書壹名工食銀壹拾貳兩順治九年裁銀陸兩康熙元年裁銀陸兩

禁子陸名工食銀肆拾叁兩貳錢順治九年裁銀柒兩貳錢存

銀叁拾陸兩

同知

心紅銀貳拾兩

知縣

俸薪銀陸拾叁兩肆錢玖分順治十四年裁銀壹拾捌兩肆錢玖分

存銀肆拾伍兩

心紅紙張銀貳拾兩

油燭銀壹拾兩順治十四年全裁

修宅家伙銀貳拾兩順治九年全裁

迎送上司傘扇銀壹拾兩順治十四年全裁

吏書壹拾貳名工食銀壹百貳拾玖兩陸錢順治九年
裁銀伍拾柒兩陸錢康熙
元年全裁銀柒拾貳兩

皂隸壹拾陸名工食銀壹百壹拾伍兩貳錢順治九年裁銀壹拾玖兩貳錢　存銀玖拾陸兩

門子貳名工食銀壹拾肆兩肆錢順治九年裁銀貳兩肆錢　存銀壹拾貳兩

馬快捌名工食併草料銀壹百肆拾肆兩順治九年除草料不扣外裁銀玖兩陸錢　存銀壹百叁拾肆兩肆錢

民壯伍拾名工食銀叁百陸拾兩順治九年裁銀陸拾兩　存銀叁百兩

燈夫肆名工食銀貳拾捌兩捌錢順治九年裁銀肆兩捌錢存
銀貳拾肆兩
禁卒捌名工食銀伍拾柒兩陸錢順治九年裁銀玖兩陸錢存
銀肆拾捌兩
修理倉監銀貳拾兩
轎傘扇夫柒名工食銀伍拾兩肆錢順治玖年裁銀捌兩肆錢
存銀肆拾貳兩
庫書壹名工食銀壹拾貳兩順治九年裁銀陸兩康熙元年裁銀陸兩

倉書壹名工食銀壹拾貳兩順治九年裁銀陸兩康熙元年裁銀陸兩

庫子肆名工食銀貳拾捌兩捌錢順治九年裁銀肆兩捌錢存銀貳拾肆兩

斗級肆名工食銀貳拾捌兩捌錢順治九年裁銀肆兩捌錢存銀貳拾肆兩

縣丞

俸薪銀肆拾捌兩貳錢貳分順治十四年裁銀捌兩貳錢存銀肆拾兩

書辦壹名工食銀柒兩貳錢順治玖年裁銀壹兩貳錢康熙元年全裁

銀陸兩

門子壹名工食銀柒兩貳錢順治九年裁銀壹兩貳錢存銀陸

兩

皂隸肆名工食銀貳拾捌兩捌錢順治九年裁銀肆兩捌錢存

銀貳拾肆兩

馬夫壹名工食銀柒兩貳錢順治九年裁銀壹兩貳錢存銀陸

兩

典史

俸銀叁拾壹兩伍錢貳分

書辦壹名工食銀柒兩貳錢順治九年裁銀壹兩貳錢康熙元年全裁銀陸兩

門子壹名工食銀柒兩貳錢順治九年裁銀壹兩貳錢存銀陸兩

皂隸肆名工食銀貳拾捌兩捌錢順治九年裁銀肆兩捌錢存銀貳拾肆兩

馬夫壹名工食銀柒兩貳錢順治九年裁銀壹兩貳錢存銀陸兩

巡檢三員　許黃鎮　鮎魚口　金口鎮

俸銀共玖拾肆兩伍錢陸分

書辦叁名工食銀貳拾壹兩陸錢順治九年裁銀叁兩陸錢康熙元年全裁銀壹拾捌兩

皂隸陸名工食銀肆拾叁兩貳錢順治九年裁銀柒兩貳錢存銀叁拾陸兩

驛丞伍員　夏口驛　將臺驛　東湖驛　山陂驛

全口驛

俸銀共壹百伍拾柒兩陸錢順治十六年奉裁夏口驛俸銀叁拾壹兩伍錢貳分　存銀壹百貳拾陸兩捌分

書辦伍名工食銀叁拾陸兩順治九年裁銀陸兩順治十六年裁夏口驛書辦工食銀陸兩康熙元年全裁銀貳拾肆兩

皂隸壹拾名工食銀柒拾貳兩順治九年裁銀壹拾貳兩順治十六年裁夏口驛皂隸工食銀壹拾貳兩　存銀肆拾捌兩

府斈教授壹員

俸银叁拾壹两伍錢貳分

訓導貳員

俸银共陸拾叁两肆分康熙四年全裁

喂馬草料银叁拾陸两康熙四年裁銀貳拾肆两存银壹拾貳两

縣斈教諭訓導貳員

俸银共陸拾叁两肆分康熙四年裁訓導俸银存叁拾壹两伍錢貳分

銀叁拾壹兩伍錢貳分

齋夫六名工食銀柒拾貳兩康熙四年裁銀叁拾陸兩存銀叁

拾陸兩

膳夫銀肆拾兩廩生支領順治十四年裁銀貳拾陸兩陸錢陸分陸釐陸毫陸絲

存銀壹拾叁兩叁錢叁分叁釐叁毫叁絲

門子伍名工食銀叁拾陸兩康熙四年裁銀壹拾肆兩肆錢存銀

貳拾壹兩陸錢

斈書壹名工食銀柒兩貳錢康熙元年全裁

喂馬草料銀貳拾肆兩（康熙四年裁銀壹拾貳兩）存銀壹拾貳兩

撥運

户口内原額觧提學道歲科考生員花紅試卷等銀伍拾兩

府學生員科舉花紅銀壹百伍拾兩

曆日銀壹拾玖兩貳錢陸分叁厘

驛站

夏口驛站船水手貳名每名銀陸兩幫閏銀壹錢共銀壹拾貳兩貳錢

將臺驛馬壹拾壹匹每匹銀叁拾又幫閏銀伍錢共銀叁百叁拾伍兩伍錢

東湖驛馬壹拾匹每匹銀叁拾兩幫閏銀伍錢共銀叁百伍兩

山陂驛馬壹拾匹每匹銀叁拾兩幫閏銀伍錢共銀叁百伍兩

夏口驛支應銀陸拾伍兩陸錢

將臺驛支應銀柒拾兩

東湖驛支應銀貳百肆拾兩

金口驛支應銀壹百肆拾兩

將臺驛舘夫貳名 每名帶閏銀柒兩叁錢貳分 共銀壹拾肆兩

陸錢肆分

東湖山陂貳驛舘夫各貳名 每名銀伍兩帶閏銀捌分叁重

銀貳拾兩叁錢叁分叁重貳毫

本府遞運所馬船修理銀壹百叁拾伍兩壹錢貳

分 解驛道聽用

均徭

浮橋夫工食銀柒兩叁錢貳分

聽差皂隸捌拾名工食銀肆百柒拾貳兩帶閏銀柒兩捌錢陸分陸厘重肆毫共銀肆百柒拾玖兩捌錢陸分陸厘重肆毫內應裁清軍捕盜理刑聽差皂隸伍名又應裁本縣應役皂隸叁名共銀肆拾兩陸錢陸分陸厘重肆毫入抵府縣經制又奉會酌議裁迎送皂隸壹年三十六名工食銀貳百壹拾玖兩陸錢入抵本縣經制議晉迎送皂隸壹半叁拾陸名共銀貳百壹拾玖兩陸錢內存銀壹百陸拾捌兩捌錢玖分陸厘重餘銀伍拾兩柒錢肆重奉文撥補鋪兵工食記

各舗司徭編銀差壹百壹拾捌名每名銀陸兩帯閏銀壹錢永充力差壹拾名每名銀壹兩捌錢帯閏銀叁分原額共銀柒百叁拾捌兩壹錢内總舗徭兵貳拾貳名各衙門投遞公文東路將臺冷水常山土橋山口伍舗徭永兵貳拾叁名北路盂城横山青山官屯肆舗徭永兵壹拾玖名南路長虹和尚北門石子紙坊獅子龍泉新市聚仙城信潘杲壹拾貳舗徭永舗兵陸拾肆名

各巡司永充弓兵壹百叁名除新議看守油坊嶺公舘外實編壹百貳名每名銀壹兩捌分帯閏銀壹分共銀壹百壹拾壹兩玖錢玖分陸釐奉文撥補舗兵工食訖

許黄司撈守油坊嶺公舘衣兵壹名工食銀壹兩捌錢又每年修班銀壹兩

共銀貳兩捌錢奉文撈補舖兵工食訖

原議修堤除東湖驛馬價內加銀貳拾肆兩外

實編銀壹拾捌兩奉文撈捕舖兵工食訖

走遞夫馬

本縣走遞脚馬肆拾貳匹每匹銀貳拾陸兩帶閏銀肆錢叁分叁厘叁毫

共銀壹千壹百壹拾兩壹錢玖分捌厘陸毫

本縣排夫貳百肆拾名每名銀柒兩貳錢帶閏銀壹錢貳分內陸名入本縣

轎傘夫外實夫差貳百叁拾肆名　共銀壹千柒百壹拾貳兩捌錢
捌分

短夫銀貳百兩

祭祀襍支

本府儒學文廟二祭銀捌拾肆兩陸錢

啓聖祠二祭銀壹拾兩肆錢

名宦鄉賢祭祀銀壹拾兩

周子表忠二祠火星孟宗岳武三廟祭祀共銀貳

拾陸兩肆錢

郡屬壇三祭原支府倉折項下米銀叁兩壹錢伍分

郡屬壇三祭共銀貳拾柒兩

岳武穆孟宗香火道士銀肆兩玖錢

兩李香燭米銀貳兩伍錢貳分

釋菜二祭銀壹拾陸兩玖錢陸分

鄉飲二次銀貳拾肆兩順治十四年裁銀壹拾貳兩存銀壹拾

貳兩

府學稟生肆拾名共銀貳百捌拾捌兩稟生支領順治十四年裁銀壹百玖拾貳兩康熙二年全裁銀玖拾陸兩

縣學稟生貳拾名各米壹拾貳石每石折銀陸錢共銀壹百肆拾肆兩稟生支領順治十四年裁銀玖拾陸兩康熙二年全裁銀肆拾捌兩

本府歲貢花紅旗扁酒席銀壹拾兩康熙三年全裁

歲貢盤纏銀壹拾伍兩康熙三年全裁

學道歲考除搭廠銀陸拾兩各州縣協濟外試卷供應賞給等項

共銀柒拾伍兩肆錢壹分順治十四年裁銀叁拾柒兩柒錢伍厘存銀叁拾柒兩柒錢伍厘

歲貢生員正貢盤纏花紅旗匾酒席銀壹拾兩二年一次每年該銀伍兩原例本縣季拾年通選每生給銀壹兩康熙三年全裁

科舉生員以伍拾玖名為率每名花紅銀玖錢酒席銀壹錢共銀伍拾玖兩三年一次每年該銀壹拾玖兩陸錢陸分柒厘遇有加增或于季田租谷或自理登報贖銀內湊給不許動支別項

科場謄錄書手貳拾伍名列字匠肆名每名伍錢銀共

銀壹拾肆兩伍錢一三年次每年該銀肆兩捌錢叁分叁厘

科場鋪陳銀叁拾兩一三年次每年該銀壹拾兩

新旧會試舉人以壹拾捌名為率每名長夫銀貳拾肆兩共銀肆百叁拾貳兩一三年次每年該銀壹百肆拾肆兩

按察司每年進表三次每次摃表生員工食銀伍錢庭燎香烛銀貳錢共銀貳兩壹錢順治十四年裁銀壹兩伍分存銀壹兩伍分

兩院司道府縣年例門神桃符春牛芒神花鞭等

項共銀貳拾陸兩順治十四年全裁

本縣應

朝盤纏銀正佐肆拾兩首領官貳拾伍兩該吏壹拾兩造冊紙劄工食銀陸兩

共銀捌拾壹兩三年一次每年該銀貳拾柒兩順治十四年裁

銀壹拾　存銀玖兩

捌兩

院司道府合用刑具銀叁拾兩按月照數辦送

孤老伍拾玖名口口糧布花等銀共壹百貳拾叁

兩玖錢

本縣供應銀叁百叁拾兩順治十四年全裁

司府縣監犯囚粮原支府倉米折銀壹百貳拾捌

兩伍錢貳分

備用實存銀陸百柒兩肆錢伍分玖厘

○原額田地山塘壹萬叁千柒百伍拾壹頃叁拾捌畝

柒分伍厘肆毫

額載秋粮叁萬陸千陸百捌石伍斗叁升叁合貳勺

内除原撥出水鄉田地米麦共貳千壹百壹拾肆石柒斗壹合

係臨湖佃户辦納租稞另徵外

額徵並新加共銀貳萬叁千貳百捌拾伍兩貳錢貳分壹厘伍毫

實夏稅麥壹千玖百壹拾叁石伍斗捌合捌抄及秋粮米內帶派

夏稅桑絲貳千叁百柒拾陸觔陸錢壹分玖厘玖毫

額徵並新加共銀貳千陸百叁拾玖兩玖錢捌分叁毫柒絲

地畝玖厘餉銀玖千伍百陸両玖錢玖分柒厘

○以上田地山塘丁粮并玖厘遼餉共銀肆萬陸百捌拾貳両壹分貳厘貳毫内除豁免運夫丁銀伍拾陸両壹錢柒分柒厘肆毫

以上丁入户口丁銀仍載本項数内

○實徵銀肆萬陸百貳拾伍両捌錢叁分肆厘捌毫壹

總

起運户礼工各部條遼冗款及新增人丁共銀貳萬

肆千壹百玖拾玖两叁錢伍分貳厘壹毫肆絲

内除豁免運夫丁銀壹拾陸两捌錢叁分壹厘貳毫

實徵銀貳萬肆千壹百捌拾貳两伍錢貳分捌毫

存畱各官役俸薪工食驛站祭祀等項共銀玖千陸百伍拾壹两壹錢四分七厘四毫三絲

内除豁免運夫丁銀叁拾两壹錢柒厘伍毫陸絲

實徵銀玖千陸百貳拾壹两三分九厘八毫七絲

順治九年裁各役工食銀貳百玖拾壹两貳錢内除

豁免運夫丁銀壹兩肆分叁厘柒毫捌絲
實徵銀貳百玖拾兩壹錢伍分陸厘貳毫貳絲
順治十四二年裁各官役薪銀蔬菜油烛傘扇工食等
項壹千玖百陸拾柒兩玖錢貳分壹厘陸毫陸絲
陸忽柒微內除豁免運夫丁銀壹兩柒錢伍分叁
厘貳毫陸絲柒忽
實徵銀壹千玖百陸拾陸兩壹錢陸分捌厘叁毫玖
絲玖忽柒微

順治十六年裁驛丞俸食銀肆拾玖兩伍錢貳分內
除豁免運夫丁銀壹錢柒分柒釐伍毫
實徵銀肆拾玖兩叁錢肆分貳釐伍毫
康熙元年裁各書役工食廩糧銀壹千壹百陸兩貳
錢內除豁免運夫丁銀叁兩玖錢陸分伍釐壹毫
陸絲
實徵銀壹千壹百貳兩貳錢三分四釐八毫四絲
康熙三年裁兩季步貢鹽纏花紅銀叁拾兩內除豁

免運夫丁銀壹錢零伍釐壹絲貳忽

實徵銀貳拾玖兩捌錢玖分肆釐玖毫捌絲捌忽

康熙四年裁訓導俸薪等項銀壹百捌拾兩玖錢陸

分內除豁免運夫丁銀壹錢捌分陸毫伍絲玖忽

實徵銀壹百捌拾兩柒錢柒分玖釐叁毫肆絲壹忽

康熙七年新裁總督俸紙操賣等銀伍百肆拾叁兩

內除豁免運夫丁銀貳兩壹分叁釐叁毫柒忽貳

徵

實徵銀伍百肆拾兩玖錢八分六厘七毫九絲二
忽八微
兵部江濟水夫額銀一千六拾六兩九分六厘三毫
九絲五忽
隨漕兵銀壹千五百九十陸兩六錢壹分四厘五毫
七絲八忽
兑軍本色正耗米除折色米叁千七拾八石五斗貳
升外實徵正耗米六千四石壹斗五升二合又粮

道條陳於肆斗外加耗米貳斗順治九年楚撫遲

題請免加　戶部覆奉

旨革除多加貳斗耗米

原額臨湖水淹田地一千一百八頃三拾一畝三分

二釐一毫

額載秋粮壹千九百九拾九石二斗八升壹合二勺

額租銀一千五百七拾三两三分

更名地畝九釐餉銀四百九拾壹两五錢貳分貳釐

七毫八絲

麽楚藩更名款項

金口屯鯉魚廖上下沙袱獅子腦青布湾　坐落修賢二里承佃廖張林

載田地四拾六頃叁拾壹畝四分

載銀壹百八拾三兩六分

長巷屯　坐落修賢一里承佃郭天明

載田地三拾二頃壹拾三畝五分

載銀壹百二拾壹兩伍錢六厘

老軍屯　坐落修賢三里承佃楊徐芳

載田地三拾五頃柒拾六畝九分六厘

載銀壹百九拾四兩四錢

石者屯　坐落修賢三里承佃余成戴

載田地四十頃九拾九畝五分

載銀二百二拾二兩七錢八分

白眼湾　坐落修美三里承佃張有之

載洲地玖頃九拾九畝貳分三厘

載銀五拾四兩

揚家嘴黄絲港　坐落修吴三里承佃袁錢礼

載田地八拾二頃八拾畝柒分八厘

載銀四百壹拾三兩五錢一分　内除崩卸無徵銀貳百兩

載麦地三十二頃七拾畝三分

蕎麦柳荻鷄鵝廠　坐落金沙洲尾承佃李旱生

載銀壹百伍拾兩伍錢九分五厘

青林官庄嘴三府丈小新溢洲桑魚嘴　坐落下忌
一里承佃全張
載田地二拾壹頃六拾三畝八分
載銀七拾五兩六錢二分二厘
臥虎山　坐落長樂里承佃邢德忠
載田地壹拾貳頃壹拾六畝二分四厘
載銀六拾六兩壹錢三厘
廣阜屯　坐落附城里承佃胡揚甫

載草山田地六頃壹拾畝二分九厘
載銀二拾四两六錢四分九厘
大小象鼻　坐落上恩二里承佃吴徐
載麦地壹頃壹拾畝四分
載銀六两
東山園　坐落附城里承佃魯朱
載田地肆拾三頃伍十貳畝伍分貳厘
載銀貳百三拾六两伍錢伍分

靈泉屯　坐落夷山二里承佃龔涂褚

載田地貳拾壹頃伍拾壹畝貳分壹厘

載銀七拾八两三錢一分九厘

黄毛七府緑尾鷹旗八分天平　坐落長樂里承佃

趙陳啟

載田地三拾頃貳拾四畝二分

載銀壹百三拾柒两四分八厘

草埠園　坐落草埠里承佃王正行

載麦地壹拾三頃八拾壹畝三分九重

載銀五拾八两五錢九分

桐子園坐落上恩二里承佃胡謝

載田地壹拾壹頃九畝三重

載銀六拾兩二錢七分三重九毫

皂角乜　坐落草埠里承佃井士淡

載麦地六拾八頃七畝壹毫七絲三忽

載銀貳百八拾六兩壹錢三分

青山屯　坐落白洋橋把頭張全

載田地貳拾捌頃壹拾叁畝肆分

載銀玖拾捌兩伍錢肆分伍厘

張家墩　坐落横山里承佃熊廣

載田地伍拾陸頃玖拾肆畝陸分肆厘

載銀貳百貳拾柒兩玖錢柒分

八吉堡　坐落横山里承佃費楊何

載田地肆拾柒頃玖拾捌畝捌分捌厘

載銀貳百陸拾兩八錢壹分

劉媽々丈　坐落李家橋承佃王李元

載山地叁頃陸拾八畝

載銀四拾兩

高阜頭双曲巷　坐落法泗洲承佃胡金

載地壹拾壹頃四畝

載銀六拾兩

基地

金沙洲　承催黎肯

載基地捌頃六拾七畝

載銀肆拾柒兩壹錢貳分伍厘

七叉舖廣阜倉鵝鴉廠坐落城内承佃係民居住

載基園四拾頃七拾六畝陸分

載銀壹百六拾七兩五錢三分

御菜園　坐落城内承佃各民居住

載基地貳頃壹畝

載銀壹拾伍兩叁錢柒分

以上廢楚藩原額田地草場山場湖瀦基園等項共八百六拾二頃五拾六畝七分五釐四毫額該銀四千九百四拾兩三錢七分七釐内除遠年崩卸無徵銀五百三拾五兩二分九釐内除白沙洲崩卸揚林洲崩卸黄絲港崩卸俱載本洲港項下實荒崩田地壹拾五頃貳拾四畝二分五釐壹毫三絲五忽荒崩

銀壹百貳拾捌兩捌錢肆分肆釐捌毫叁微

實成熟田地草洲湖漤基園等項共柒百捌拾捌頃叁拾伍畝捌分捌釐陸毫

應徵銀叁千柒百玖拾捌兩柒錢伍分壹釐伍毫

籽粒田

廣阜屯　坐落附城里承佃楊相

載谷田貳百六十三畝七分七毫二絲

載租谷叁百四拾八石五斗

靈泉屯　坐落夾山二里承佃龔余褚

載谷田伍頃三十八畝五分九釐壹毫

載租谷貳百玖拾四石八斗

桃林屯　坐落三城二里承佃龔和

載谷田壹拾八頃四拾八畝七分五釐

載租谷七百三十九石五斗

萬埧洲　坐落修賢二里承佃黃南植

載谷田四頃五十九畝三分

載租谷七十二石

桂子山　坐落修賢二里承佃肖漢臣

載谷田四頃二十畝

載租谷四十二石

鼓架山　坐落横山里承佃戚相廷

載谷田壹頃

載租谷四十石

以上租谷每石奉
文折銀四錢六分六釐江夏數年谷價每兩六
七石不等已經具控在案
嘉魚縣改歸沙洑屯田地蘆洲共額壹拾頃五十八
畝壹分五釐五毫
額銀二十五兩三錢九分外加九釐餉銀七兩一
錢二分七釐三毫
代徵黃州衛屯田八頃四十九畝九分六釐六毫每畝

秤粮壹斗貳升

共粮壹百貳石每石徵銀叁錢

共銀叁拾兩陸錢外於康熙七年奉闔司每石加計料銀伍分叁厘

共實徵銀叁拾陸兩陸重佃戶辦納交布政司收

班

匠匠戶自辦

起運

南京人匠實在納班壹百柒拾肆名四年一班

該班每名納銀壹兩捌錢遇閏加銀陸錢

每年共銀壹百肆兩肆錢解司充餉

戶口

明舊志戶口

成化八年戶壹萬陸百玖拾肆

口陸萬伍千伍百貳拾陸

嘉靖四十一年戶壹萬壹千肆百捌拾肆

口玖萬九百伍拾叁

萬曆辛卯戶壹萬捌千陸百肆拾壹

口陸萬柒百玖拾叁

舊志人丁

萬曆辛卯成丁貳萬伍千陸百壹拾

國朝人丁載賦役全書

原額貳萬伍千陸百壹拾丁每丁每年除優免外科則不等

每丁照額徵併新加該銀壹錢捌分叁厘伍毫捌

絲共徵銀肆千柒百壹兩陸錢伍分壹厘壹毫陸絲

萬曆四十六七八三年加增地丁玖厘餉銀共玖千

伍百陸兩玖錢玖分柒厘

額徵併新加共銀肆千柒百壹兩陸錢伍分壹厘壹
毫陸絲
內康熙四年奉文豁除運夫故丁叁百陸丁豁免丁
銀伍拾陸兩壹錢柒分柒厘肆毫
實在人丁貳萬伍千叁百肆丁
實徵銀肆千陸百肆拾伍兩肆錢柒分叁厘柒毫陸
絲
順治十四年編審新增額外人丁貳千柒百柒拾捌

丁共增银伍百肆拾捌两壹钱陆分贰厘壹毫贰

丝

原额人丁贰万伍千陆百壹拾丁

额徵并新加共银肆千柒百壹两陆钱伍分壹厘壹

毫内康熙四年奉

文豁除逃亡故丁叁百陆丁豁免丁银伍拾陆两壹

钱柒分柒厘肆毫

实在人丁贰万伍千叁百肆丁

實徵銀肆千陸百肆拾伍兩肆錢柒分叁重柒毫陸

絲

順治十四年編審新增額外人丁貳千柒百柒拾捌

丁共增銀伍百肆拾捌兩壹錢陸分貳重壹毫貳

絲

水利

大江自嘉魚入境歷大軍山小軍山會沔水東流會漢水金沙洲障城南近洲徙水泛橫流直衝江岸侵齧城趾岸石崩卸亟宜甃治以防城患

陳公葵明弘治辛酉知府陳晦見江水泛漲踩勘所屬曾家套經營開濬捍江濤而聚貫船為利久遠商人德之因名

長江閘掜　舊例布政司委官抽收觧司

國朝專屬武昌府清軍水利同知職掌設立科鈔厰
在漢陽門外夏口每年額解料鈔銀壹萬兩有零
梁子等九湖漁課銀壹千捌百捌拾叁兩柒錢肆分
伍厘玖毫

梁天字號　坐落東蕪三里龍泉二里
漁課銀叁拾壹兩玖錢叁分陸厘捌毫捌絲

梁地字號　生落夾山二里
漁課銀柒拾陸兩玖錢柒分玖厘伍毫

梁元字號　坐落積善里

漁粿銀叁拾貳兩貳錢伍分貳厘伍毫

梁黃字號　坐落湘東二里

漁粿銀叁拾叁兩貳錢柒分叁厘叁毫

梁宇字號　坐落三城三里

漁粿銀叁拾兩伍錢玖分伍厘伍毫

梁宙字號　坐落西徑里

漁粿銀叁拾　兩壹錢柒分捌厘壹毫伍絲

余家湖　坐落從善枓
漁課銀壹百貳拾玖兩玖錢肆分叁釐陸毫
内有伍兩肆錢在都撫湖坐落藩司後
嚴家湖　坐落永豐里
漁課銀捌拾貳兩壹錢陸分
金口壋　坐落修賢里
漁課銀玖拾陸兩捌錢壹分玖厘叁毫六絲
金東西水　係代徵嘉魚蒲圻咸寧三縣

漁粿銀壹百陸拾陸两叁錢肆分壹厘捌毫貳絲

湯孫湖　坐落夫山一里

漁粿銀壹百两捌錢伍分

石嘴長江總　坐落修賢里

漁粿銀伍拾玖两捌錢肆分

青江總　係代徵嘉魚蒲圻咸寧三縣

漁粿銀陸拾陸两伍錢

青山長河　坐落横山里

漁課銀伍拾玖兩捌錢肆分

簰洲長河　坐落嘉魚縣

漁課銀陸拾陸兩伍錢

嚴西湖　坐落招賢里

漁課銀捌拾貳兩壹錢陸分

青林黄家湖　坐落下悬一里修賢二里

漁課銀壹百伍兩捌錢玖分

南湖　坐落附城里

漁課銀柒拾肆両肆錢叁分

賽湖　坐落從善里

漁課銀貳拾玖両捌錢肆分

魯東湖　坐落修賢一里

漁課銀玖拾捌両肆錢叁分

魯西湖　坐落修賢二里

漁課銀壹百叁拾貳両玖錢壹分肆釐

斧頭湖　坐落湘東一里

漁課銀壹百柒拾兩

郭鄭湖　坐落保安二里

漁課銀壹百叁拾壹兩壹錢貳分

黄鶴洲　坐落大江王楚良等承納

額銀貳百叁拾兩陸錢陸分叁厘壹毫陸絲

地壹百陸拾玖頃柒拾畝捌分伍厘壹毫

馬家洲　坐落青山大江胡我賓等承納

額銀貳百壹拾兩柒錢捌分陸厘貳毫

地壹百貳拾壹頃叁拾玖畝陸分玖厘伍毫伍絲
伍忽

老李黄絲洲　坐落大江李廷月等承納

額銀柒拾貳兩壹錢伍分柒厘肆毫壹絲
地叁拾捌頃伍拾陸畝玖分叁厘陸毫捌忽

浮泥洲　坐落大江高靳承納

額銀伍拾伍兩壹分陸厘陸毫柒絲
地叁拾叁頃壹拾貳畝玖分叁厘肆毫

蔡子沙洲　坐落青山水江邊曾塗二等承納

額銀陸拾柒兩玖錢貳分叁厘貳毫伍絲

地肆拾壹頃叁拾捌畝壹分柒毫

塞磯灘　坐落塞磯灘張常懷

額銀捌兩伍錢貳分捌厘玖毫捌絲

地陸頃柒畝玖分玖厘玖毫

邊洲　坐落大江邊萬從賢承納

額銀貳兩捌錢捌厘叁毫陸絲

地壹頃玖拾叁畝玖分叁厘柒毫
泥灘泥　坐落大江邊魯尔俸承納
額銀貳拾陸两玖錢玖分柒厘肆毫伍絲
地貳拾頃壹拾玖畝伍分柒厘伍毫
泥灘舌頭洲　坐落大江朱世貴承納
額銀捌拾肆两柒錢貳分陸厘陸毫玖絲柒忽貳
微肆塵
地伍拾玖頃貳拾伍畝捌分叁厘壹絲捌忽

沙坡寺洲　坐落大江錢承寧承納
額銀叁兩陸錢肆分叁厘陸毫叁絲
地壹頃捌拾貳畝伍分叁厘伍毫
上下泥洲　坐落大江边表蔡張承納
額銀拾兩壹錢肆分柒厘肆毫玖絲叁忽捌微貳
塵
地肆頃叁拾伍畝陸分壹厘伍毫陸絲叁忽
小嘴地洲　坐落江邊揚把承納

額銀叁兩肆錢肆分玖釐柒毫玖絲肆忽玖微肆塵

地貳頃柒拾伍畝壹分陸釐貳毫貳絲叁忽

地嶺百姓洲　坐落大江边周科稅承納

額銀貳拾兩玖錢壹分貳釐陸毫

地柒頃陸拾捌畝伍分貳釐捌毫壹絲柒忽

木鵝泥洲　坐落大江边黎光寬承納

額銀壹拾貳兩壹錢捌分壹釐柒毫陸絲

地柒頃貳拾叁畝肆分壹釐叁毫壹絲柒忽

汰青埠　坐落汰青埠胡金承納

額銀貳兩陸錢肆分

地壹頃柒拾陸畝

順治十六年册報蘆洲地叁百陸拾柒頃肆拾陸畝

分壹釐壹毫

額課銀肆百肆拾叁兩捌錢伍分捌釐順治十四

年崩卸缺課銀伍拾兩柒分伍釐叁毫未經開

除仍照原稞徵解

康熙三年查丈得各洲原納麥藩租地外應納蘆稞地伍不陸拾肆頃捌拾玖畝捌分陸厘叁絲内除白沙不堪載稞地肆拾柒頃陸拾貳畝柒分肆厘伍毫外現在納稞密蘆稀蘆麦地草塌草壋共伍百壹拾柒頃貳拾柒畝壹分壹厘捌毫共稞捌百壹拾貳兩伍錢捌分叁厘肆毫

白沙洲 坐落大江承佃吕葉張楊

載洲地肆拾伍頃壹拾壹畝叁分

載銀貳百肆拾伍兩壹錢陸分内除崩卸無徵銀壹百壹錢伍分陸重壹毫

楊林洲　坐落黄岡縣界承佃魏楊

載湖地壹拾玖頃柒拾壹畝

載銀壹百柒兩壹錢壹分内除崩御無徵銀壹百陸拾貳兩捌錢玖分伍重伍毫

沙口　坐落黄岡縣界承佃周吴何

載麥地叁頃柒拾陸畝捌分柒厘

載銀貳拾兩肆錢捌分

吊尾洲　坐落黃岡縣界

載洲地叁頃肆畝壹分

載銀壹拾陸兩伍錢貳分叁厘

龍坑洲　坐落黃岡縣界承佃舒玉惠

載洲地叁頃貳拾叁畝肆分

載銀壹拾柒兩伍錢柒分

蘆洲沙已　坐落馬家洲頭佃潘先
載洲地陸頃玖拾玖畝貳分
載銀叁拾捌兩
新淤洲　坐落金沙洲尾承佃高章
載洲地柒頃捌拾陸畝玖分
載銀肆拾伍兩伍錢肆分
墩子湖東西馬池董家塘　坐落中和保護承佃陳
魏羅

頃畝無

載課伍拾肆兩

王家巷　坐落湘東三里

水粿銀壹兩

藝文

李白懷祢衡詩魏帝營八極蟻視一祢衡黃祖斗筲人殺之受惡名漢江賊鸚鵡落筆超群英鏘鏘振金玉句句欲飛鳴鷙鶚啄孤鳳千春傷我情五岳起方寸隱然詎可平才高竟何施寡識冐天刑至今芳洲上蘭蕙不忍生

王維送人歸江夏詩萬里春應盡三江雁亦稀連天漢水廣孤客郢城歸鄂國稻苗秀楚人菰米肥懸

知倚門望遲識老萊衣

岑参送費子歸江夏詩漢江歸客悲秋早旅舍葉飛愁不掃秋來倍憶武昌魚夢䰟只在巴陵道高秋八月歸南楚東門一壷聊出祖路指鳳凰山外雲衣沾鸚鵡洲邊雨

崔灝黄鶴詩昔人已乘白雲去此地空餘黄鶴樓黄鶴一去不復返白雲千載空悠々晴川歷々漢陽樹芳草萋々鸚鵡洲日暮鄉關何處是煙波江上

使人愁

李白聽黄鶴楼吹笛詩　一爲遷客去長沙西望長安不見家黄鶴楼中吹玉笛江城五月落梅花　又送孟浩然之廣陵詩　故人西辭黄鶴楼煙花三月下楊州孤帆遠影碧空盡唯見長江天際頭流

邊貢寓鄂渚詩　維舟泊鄂渚登高望泪庭地連秋水白天入暮山青拜闕瞻星斗懷人感鶺鴒漁簫向夕起嗚咽不堪聽

汪道昆夏日别吴虎臣詩布衣十日故人情長鋏翩々送客行但使陽春高楚調不妨江夏忌時名到来雲夢三秋色何處天風一鴈声他日来蘭湘水曲慇勤結佩贈卿々

吴国倫洪山眺望詩客到層巒一振衣江山萬態擁禪扉雲平野岸峯如簇雨過空林塔欲飛複道香煙迷咫天海宫珠色動霏微凭闌不辨三湖勝長嘯真從天外帰

郭正域同十林汝與遊洪山詩城東鷲嶺好同遊欲以洪山擬虎丘老休尚能攀塔上禪房差可共僧晉君將海錯分行甕我出江籬滿案頭松下蒙吟堪痛飲吳歈莫令楚歌愁

袁中道遊洪山詩其一醒却擺華夢未爲冷石遊紆迴緣綠嶂枕籍見紅樓雪影江天靜林煙沙渚浮倚闌神頃爽信矣癖山丘其二不存前代駁楓飽累朝霜鬖岫嵌珠塔登天到畫廊重湖何皎潔大地總

清涼彈指十年事山靈識酒狂

王廷陳宿九峯寺詩起馬九峯下寒霄萬壑陰月當層殿起雲擁曲廊深黄茗開松閣焚香对石林諸天愁倚寂鍾磬靜塵心

任家相同郭大史過張隱君湖上詩蓬蒿張仲蔚廷晃郭林宗載酒依心契談詩野興農柳煙凝露雨湖鏡濕雲淞新月家家杵黄昏寺寺鍾為園瓜五色隱九日高春自署鷗亮主無辞趣蘗封買搓間

把釣李枝梅層龍却問金門客何如石户農

熊廷弼題長虹橋詩柳西層〻水花拱曲〻堤沙暄皃落近岫遠雀飛低川激天同色雲來山與斉行〻從此去皆蘇滑輪蹄

張居正舟泊漢江望黄鶴楼詩楓霜蘆雪淨江煙錦石遊鱗晴可憐賢客帆檣雲裏見仙人楼閣鏡中懸九秋搓影横清漢一笛梅花落遠天無限滄洲漁父意佰深高詠獨鳴舷

卻覌先黄鶴樓詩未論游仙事有無、即看浩蕩亦蓬壺談天帝座通差近、挹酒星杓彝欲趋、羽獵秋窺雲夢野、咸池亘听洞庭湖、況逢四海昇平日、好作矶边老釣徒、

張元芳登湧月臺詩漢江之水清且泚忽見明月徹江底、江底月明何日来錦衣仙子下瑶臺、々上巖々一石斤、欲飛欲鳴鶴一隻、鳴残秋色草俱黄、飛入寒雲天盡碧、々草黄雲轉盻間、孤輪輾破萬重

山、多少征人沉宦海、江頭月湧不知還、若不見曹公乘月下荊州血浸長江水不流、須臾水落石已出、笑倚風前黃鶴樓、々空江月小、月湧江流繞弄月人從天、半行、鐵笛吹斷月如瓊、洞庭千里水一帶好泛靈槎載月明

郭正域

仙棗行

仙棗千年不肯實、一朝結果大如瓜、何來小吏偷喫之、須臾白日飛紫霞、我聞火棗不可得、無乃秦王海中黃布之舊花、不然安期所遺

之故核朱纈紅玉圍青紗又聞王母降漢室玉門仙棗紛如麻藍珠滿樹皴絳雪金丸綴葉團丹砂神仙靈藥各有分我欲剝棗手難拿亭子高高摧飛雨鱗甍碧瓦挫風沙至今巖畔多老棗殘根剝落纏枯槎螬蠹古藤完綠蝝蜂飛暗葉藏青蛇那知不有神仙至丹看老幹生黃芽安得纍纍撲滿地飽食江城百萬家

賀逢聖　登馮京讀書臺詩臺在咸寧　百里風烟楚望四十

年重上讀書臺書疑委宛藏仍在臺結丹霞劃欲開、太乙幾分藜火下、山灵猶捧夜灯來五車未尽男兒事、大德声名遍九垓

徐日久題太白堂詩大江淼淼流不息、黃鶴矶頭一拳石當時即有崔灝詩、謫仙胡為道不得登高郎諷江上吟、木蘭之枻來波心、今人吊古倍慷慨、風流千載称知音堂開太白何敞豁四面晴峦相映發夕陽畫棟栖彩霞夜半珠簾度明月、山川今古

殊羌專從来崔李安　低昂玉臂　金管侑卮酒飄然

與鶴双翱翔

王一翁題古圓通寺詩　歸鴈凛風列禪户初履霜灯

燃紫閣靜古佛旃擅黄秋念凌独寐遊息恋寂先

飄埜積后圃微鳥環垣翔清吟　招志士勤汲供高

堂托音遠塵累混迹忘慨慷

鄂景賦　江水之沱夏汭之口與漢交會総名鄂渚通

吴越之襟帶扼荆襄之門户水分環滙山爲恭互

昔熊紅以是封王江国於斯易祀南亘鄂桂西連
巴子北赴京淮東鄰彭蠡金湯形勝雉堞聳其巔
流缺角声聞麗譙高而隔岸江漢會同於大別洞
庭吞吐於瀟湘黃祖周瑜常為太守元規陶侃亦
秉戎麾馬廟朔風浪拍天吴鶩客槳庾樓秋夜月
華水国照人未橋存記許遜之驅蛟舟過避趙陀
之座石鶴林观一規葯水今日閣號观音頭陀寺
滿壁嶮巖昔時塔稱無影井穿十丈金甲神人是

耶非石撑几層元朝太子夢莫醒回道人一声鉄
笛楼頭黄鶴未帰府小吏几樹棗瓜江上青山不
老壓雲石鏡常生韞玉之輝翠屏臙脂不減赤金
之色曹公横槊三字困於周郎崔灝擱毫七言走
乎李白叅軍落帽萬年之風致萬年狀元立坊當
世之功名當世孝子泣竹之墟班生雀淚岳王栽
松之道樹老虬後平湖楼閣吞雲夢而挹九嶷真
武衍宮接太和而移三島楚勝橋半里湖光荷鋪

紅錦洪山寺一尖塔影樹撼青霄風波亭舟楫往來可念風月橋管弦歌舞堪思昇號浪花實通海寂寺名鉄佛足鍊人心黃龍長老安禪殿籠珠網白鶴先生修道門煉金丹大精無忌池臨熒惑之宮佛現華光社列五聖之廟金沙有灵玉帶横陳於麗水室安無恙琉璃常湧乎井泉三方市岸看舸艦之迷津十字長街聞輪蹄之夹道乃若沿湖麦熟環野柳青地雖少乎町畦陂實饒乎魚鈴民

慕龔黄之政，軍思衛霍之才。演武隊列，手旋旗圖

慕龔黄之政軍思衛霍之才演武隊列手旋旗圖開八陣教民志切乎礼樂令號五申則雲長卓力之井廟食有名張王世建之壇祀匪無謂将見江夏漸成鄒魯武昌漸化文昌孔孟之宮墻一城兩時熙朝之棫樸三楚首冠彬彬乎文濟濟多士立德立功立言穆叔所称不朽通天通人通地揚雄始曰大儒江漢以濯之勿令有污江漢水鳳凰來儀矣庶几不負鳳凰山

祢衡鸚鵡賦時黄祖太子射宴賓客會有獻鸚鵡者奉酒於衡曰祢處士今日無可娛賓竊以此鳥遠至而聪羽族之貴願先生為之賦使四座咸有荣观不亦可乎衡因為賦其辞曰惟西域之灵鳥兮挺自然之奇姿体金精之妙質兮含火德之明輝性辯慧而能言兮聪明以識机故其嬉遊高峻栖跱幽深飛不妄集翔必擇林紺趾丹嘴緑衣翠衿采々麗容交々好音雖同族於羽毛固殊智而異心

配鸞皇而等美焉比德於衆禽於是羨芳声之遠暢偉灵表之可嘉命虞人於隴坻詔伯益於流沙跨崑崙而指弋冠雲霓而張羅錐綱維之備設終一日之所加且其容止閑暇守植安停逼之不惧撫之不驚寧順從以遠害不違忤以喪生獻全者受賞而傷肌者被刑尔迺歸窮委命離群喪侶閉以雕籠翦其翅羽飄流萬里崎嶇重阻踰岷越障載羅寒暑女辭家而適人臣出身而事主彼賢哲

之途患猶棲遲以羈旅矧禽鳥之微物能馴擾以安處眷西路而長懷望故鄉而延佇將陋體之腥臊亦何勞於鼎俎嗟祿命之衰薄奚遭時之險巇豈言語以階亂將不密以致危痛母子之永隔哀伉儷之生離匪餘年之足惜愍衆雛之無知背蠻貊之下國侍君子之光儀懼名實之不副恥才能之無奇美西都之沃壤識苦樂之異宜懷代越之悠思故美言而稱斯若迺少昊司辰蓐收整轡戾

霜初降涼風蕭瑟長吟遠慕哀鳴感類音聲悽以激揚容貌慘以顦顇聞之者悲傷見之者隕從放臣為之屢歎棄妻為之歔欷感平生之遊處若壎篪之相須何今日之兩絕若胡越之異區順籠檻以俯仰闚户牖以踟躕想崑山之高思鄧林之狀疏顧六翮之殘毀雖奮迅其焉如心懷歸而弗果徒怨毒於一隅苟竭心於所事敢背惠而忘初託輕鄙之微命委陋賤之薄軀期守死以報德甘盡

辭以劾愚悖隆恩於既往庶弥久而不渝

韓愈與鄂州柳中丞書淮右殘孽尚守巢窟環寇念淮右以靡敝困頓一二州之地蛟蚋蟻蝨之聚感兇豎煦濡飲食之惠提童子之手坐之堂上奉以為帥出死力以抗逆明詔戰天下之兵乘机逐利四出侵暴屠燒縣邑賊殺不辜許潁江淮為之騷然丞相公卿士大夫勞於圖議強兵之將熊羆貙虎之士畏懦蹙蹜莫肯杖戈為士卒前行者獨閤

下奮然卒光揚兵界上將二州之守親出入行陣與士卒均辛苦生其氣勢見將軍之鋒頴凜然有相敵之意用儒雅文字章句之業取先天下武夫關其口而奪之氣患初聞時方食不覺棄匕箸起立豈以為閣下真能引孤軍單進與死敵角逐爭一旦僥倖之利哉就令如是亦不足貴其所以服人心在行事適機宜而風采可畏故也是以前狀輒述鄙誠春惠手翰還答益為欣悚夫一衆人心

力耳目使所至如時雨三伏用師不出是道閣下果能光其言繼之以無倦得形便之地甲兵足用雖國家故所失地旬歲可坐而得況此小寇安足置齒牙間勉而卒之以俟其至幸甚夫遠征軍士行者有羈旅離别之思居有怨曠騷動之憂本軍有饋餉煩費之艱地主多姑息形迹之患急之則怨緩之則不用命浮寄孤懸形勢銷弱又與賊不相熟知其氣力所極無望風之驚受護鄉里勇於

自戢征兵滿萬不如召募數千閣下以為何如倘
可上聞行之否計已與裴中丞相見營事宜不惜
時賜示及幸甚不宣愈再拜

閻伯里黃鶴樓記州城西南隅有黃鶴樓者圖經云
費禕登仙嘗駕黃鶴返憩于此遂以名樓事列神
仙之傳迹存述異之志觀其聳構巍峩高標巃嵸
上倚河漢下臨江流重簷翼館四闥霞敞坐窺井
邑俯視雲烟亦荆吳形勝之最也何必賴鄉九柱

東陽人詠迺可賞觀時物會集靈仙者哉刺史兼
侍御史淮西租庸使鄂岳沔等州都團練使河南
穆公下車而乱繩皆理發號而庶政其凝或逶迤
退公或登臨送遠遊必於是極長川之浩浩見衆
山之纍纍王室載懷思仲宣之能賦仙蹤可揖嘉
叔偉之芳塵迺喟然曰黃鶴來歌城郭之並是
浮雲一去惜人世之俱非有命抽毫記茲貞石時
皇唐永泰元年歲大荒落月孟夏日庚寅也

方孝孺黄鶴樓詩卷序

奇偉絶特之觀，固無與於人事，然於其廢興，可以知時之治亂焉。夫黄鶴樓以壯麗稱江湘間，當天下盛時，舟車旌蓋之來，鐘鼓肆管弦燕會于其上者，踵相接也。元末諸雄之相持，武昌莽爲盜區，屠傷殺戮，至于鷄犬，尺木寸瓦於頹垣敗壘間而不可得，天下之亂極矣。大統既一，海内建親王鎮楚，以其地爲國都，樓頭屬東，徃來乎其上者，四時不絶，盛世之美，殆將稍復覩余恨不獲見之茲叅現其狀甚悉雲濤烟樹咫尺千里夏口漢陽蒼蒼如月睫展卷而卧閲之恍然如乘扁舟出入洞庭彭蠡之上而與李白崔灝輩同遊也今四方日就治平而江湘尤予所願遊者他日苟或再登為之賦詠以追蹤於古之作者或者其始諸此乎

楊士奇遊東山記洪武乙亥余客武昌隱溪蔣君始吾廬陵人年已八十餘好道家書其子立恭兼治

儒術能詩皆意度灑畧然深自晦匿不妄交遊獨
與余相得也是歲三月朔余三人者携童子四五
人載酒殽出遊隱溪來小肩輿余立恭徒步天未
明東行過洪山寺二里許折比穿小徑可十里度
松林沙磵々水澄澈深處可浮小舟旁有盤石容
坐十數人松林竹樹之陰森布蒙密時風日和暢
草木之葩爛然香氣拂々襲衣禽鳥之声不一類
遂掃石而坐久聞鷄犬声余招立恭起東行數十

步過小岡田畴平衍游望有茅屋十数家遂造焉一叟可七十餘歲素髮如雪被兩肩容色腴澤類飲酒者手一卷坐庭中盖齊丘化書延余兩人一媪捧茶盌飲客牖下有書数帙立恭深得列子余浮白虎通皆欲取而難于言叟識其意曰老夫無用也各懷之而出還坐石上指顧童子摘芋葉為盤載肉立恭舉匏壺注酒傳觴数行立恭賦七言近林詩一章余和之酒半有騎而過者余故人武

昌左護衛李千户也駭而笑不下馬徑馳去須臾具盛饌及一道士偕来道士岳州人刘六遂共酌道士出太乙真人圖求詩余賦右体五言一章書之立恭不作但酌酒飲道士不已道士不能勝降跽謝過衆皆大笑李出琵琶彈数曲立恭折竹竅而吹之作洞簫声隱溪歌費無隠蘋武慢道士起舞蹁躚兩童子怡手跳躍随其後已而道士復揖立恭曰奈何不與道士詩之恭援筆賦数絶句語

益奇遂復酌余與之恭飲多皆醉起緣澗覓無大者三四寸少者如指余摻餅餌投之翕然聚已而往來相忘也立恭戲以小石擲之輒盡散不復來因共概嘆海鷗之事各賦七言絶詩一首道人出茶一餅衆折而嚼之餘半餅遺童子遺余兩人已而夕陽距西峯僅丈許隱溪趣余還曰樂其無已乎遂與李及道士別以卒從二騎送立恭及全時恐晚不能入城度澗折比而西取捷徑望草埠門

以歸中道隱溪指道旁岡麓顛全曰是吾所營樂丘處也　又指道旁桃花語余曰明年看花府索我於此既歸立恭曰是遊宜有記屬未暇也是冬隱溪卒余哭之明年寒食與立恭豫約詣墓下　及期全病不果未几余歸廬陵過立恭宿別始命筆追記之末畢立恭取讀慟哭余亦泣下遂罷然與蔣氏父子交好之厚且在武昌山水之遊屢矣而樂無加乎此故勉而終記之手錄一通遺立恭嗚呼

人生聚散靡常異時或相望千里之外一展讀此文存没離令之感其能已於中乎既遊之明年八月戊子記

宁师图书馆藏书印